직장은 사라지고,
직업은 살아 남는다.

직장은 사라지고,
직업은 살아 남는다.

초판 1쇄 인쇄 2009년 07월 10일
초판 1쇄 발행 2009년 07월 20일

저 자 이성진

발행인 김혜라
편집인 손혜진
편집장 김태혁
디자인 김현아

펴낸곳 상상미디어
주   소 서울 마포구 신수동 318-1
등   록 제312-1998-065
전   화 02)313-6571~2 / 02)6212-5134
팩   스 02)313-6570
홈페이지 www.상상미디어.com

값 11,000원
ISBN 978-89-88738-26-9
※ 이 책은 도서출판 상상미디어가 저작권자와의 계약에 따라 발행한 것이므로 본사의 서면 허락없이는 어떠한 형태의 수단으로도 이책의 내용을 발췌, 복사 등 이용이 불가합니다.
※ 제작 배본시에 상처가 생겨 미워진 책은 바꿔드립니다.

직장은 사라지고,
직업은 살아 남는다.

한국경제매거진 Prosumer CEO 추천도서
직접판매연구소 추천도서

저자 | 이성진   감수 | 직접판매연구소

상상미디어

책을 내며

사람들이 입버릇처럼 제일 중요하다고 말하는 것은 건강이다. 그러나 사람들이 '건강의 중요성'을 실질적으로 피부로 느껴서 하는 말들은 아니다. 실생활에서는 건강보다는 경제력 바로 "돈"이 우선이다. 물론 건강이 삶의 최우선 가치이다. 보통 건강 다음이 돈의 순서가 되지만 실제로 돈 때문에 건강(신체)도 사고파는 세상이 되었으니, 이를 어떻게 받아들여야할까?

우리 사회 주변에서 '그 사람 건강하냐?'고 묻지 않는다. '생활이 어떠냐?'고 묻는다. '그 사람 성공했느냐?'라는 물음은 '그 사람 건강한가?'란 물음이 아닌 '돈 많이 벌었느냐?'라는 의미와 상통한다. 이렇듯 요즘 사람들 성공의 최우선 가치 기준은 '돈'인 것이다. 이런 시점에서 모든 사람들의 성공적 삶을 위해 정보화시대에 맞는 신(新)성공의 8단계를 집필하려고 자료를 모으고 쓰던 중에 남성과 여성의 리더십(Leadership)의 근본적 차이와 사회성, 경제성, 정체성의 차이를 알게 되었다. 이에 "직장을 찾는 남자, 직업을 갖는 여자 /

직장은 사라지고 직업은 살아남는다."를 모토로 글을 쓰게 되었다.

  사회, 경제, 정치가 모계(母系)사회로의 회귀 현상이 나타나고 모든 영역이 하나로 통합되는 정보화시대다. 필자는 미래 대안 없이 미온적으로 대처하고 있는 사람들에게, 좀 더 구체적이고 현실성 있는 대안을 이야기하고자 한다. 평등의 시대에 남성을 비하하고 사회적 위치를 끌어내리고 싶은 마음은 없다. 그러나 정보화시대 여성의 장점과 성장을 통해 앞으로 경제적 부의 미래를 내다보고자 한다.

  2006년 조사 자료에 의하면 직장인 94%는 초고속 고령화 시대로 접어든다. 여기에 경제성장의 위축으로 부업이 꼭 필요해지는 상황이다. 경제생활을 할 수 없는 노후를 생각해서 29세부터 매달 75만 원 정도를 저축해야한다.

  30대 시작해도 늦는다. 그렇지 않으면, 65세 이상 20%정도만 겨우 자가 생계가 가능하다. 이중에서도 여유로운 삶을 유지할 비율은 5%도 안 된다고 하니 지금 우리 삶에 지혜가 필요한 때이다. 이 책은 현재를 살아가고 있는 직장인, 자영인, 공무원 남녀노소 할 것 없이 일의 포트폴리오를 짜지 않고 한 가지 수입에만 의존하고 산다면, 심각한 재정적인 고통을 겪어야 한다는 것을 환기시키고자 한다.

  요람에서 무덤까지 모든 사람들은 생활에 필요한 물품을 끊임없이 소비하며 살아간다. 이왕 소비할거라면 현명한 프로슈머(Prosumer)가 되자. 한발 앞서 미래를 준비하고자 하는 이들에게 일의 안정적 포트폴리오를 짜는데 이 책이 꼭 필요한 안내서 역할을 했으면 한다. 참고로 "유비쿼터스(Ubiquitous) 시대 신(新)성공의 8단계"도 성공적으로 잘 마무리 하여, 많은 독자들과 꿈이 없는 이들에게 꿈과 용기를 주고 도전할 수 있는 기회와 희망을 안겨 주고자한다.

이성진

추천사

여성상이
미래 사회에 던지는
네트워크비즈니스 솔루션

"미래사회와 여성, 그리고 네트워크마케팅의 본질적인 가치로 안내하는 책"

지적자본의 시대, 정보화 사회, 감성 경영 리더십, 재택근무, 창조적 인재, 수평적 조직관계, 프로슈머…. 현대사회의 트렌드와 미래사회의 가치를 함축적으로 표현하는 이 같은 개념들이 모두 '여성'과 맥이 닿아있다는 사실이 놀랍지 않은가. 더욱 놀라운 점은 이처럼 미래사회를 좌지우지할 새로운 특성이 여성들의 유전자 속에서 수천 년 동안 응축되고 발현되어왔다는 사실이다.

전쟁터에 나간 병사들이 적군의 얼굴 표정을 읽는데 능숙하다면 그 군대는 싸움에서 승리할 수 없었을 것이다. 남자들이 천지사방을 돌아다니며 감정을 없애는 연습을 하는 동안 여자들은 가정과 병자를 돌보며 안색을 읽고 감정과 의사를 소통하는 연습을 해 온 결과 '화성 남자'와 '목성 여자'로 각기 다른 유전 정보를 축적해 온 것이다.

하지만 시대가 바뀌었다. 세계는 이미 무력과 총칼이 지배하는 '육체 전쟁'의 시대를 지나 외교와 경제가 지배하는 '말 전쟁'의 시대에 접어들었다. 인간을 지칭하는 단어가 고깃덩어리를 뜻하는 '육체(肉體)' 대신 DNA염기서열에 따른 유전정보로 분석되고 재조합되는 '문자체(文字體)'로 바뀌고 있다. 무력으로 지배하는 총칼의 유전자 대신 감성의 유전자가 득세하는 시대가 된 것이다. 정보화 사회가 전면화 될수록 여성적인 감수성과 여성적인 접근이 호소력을 얻고 있다. 유통분야도 공룡 같은 백화점 시대가 저물고 일대일 인터넷 쇼핑몰과 맞춤형 직접판매의 시대로 접어들고 있다. 여성의 장점인 대면성과 감수성이 빛을 발하고 있다. 그렇다고 남성들이 절망할 일은 아니다. 새로운 사회는 여성의 사회가 아니라 '여성성'의 사회이기 때문이다. 감수성과 창의력, 유연성을 기르는 훈련은 남성과 여성 모두에게 필요하다.

이 책을 읽고 있는 여러분은 과거 수천 년을 지배해 온 남성적인 문화의 종말을 함께하고 있는 마지막 세대이다. 저자는 다양한 최신 정보를 통해 방문판매에서부터 보험설계사, 상조업, 그리고 네트워크마케팅에 이르는 다양한 업종들을 소개한다. 또, 한발 나아가 새로운 사회 흐름과 여성성의 특징을 통해 그에 맞는 맞춤형 네트워크마케팅 사업 솔루션까지 제시하고 있다. 직접판매의 대표적인 유형으로 자리 잡고 있는 네트워크마케팅 사업은 프리에이전트 시대의 사업이며, 장소에 구애받지 않고 언제 어디서든 사업을 할 수 있는 '모바일 노마드 시대'의 사업이다.

자기 자신을 이끌 수 있는 사람이 타인도 이끌 수 있다. 모든 리더십의 기초이자 출발점은 바로 자기 자신을 어떻게 이끌 것인가에 중점을 두는 셀프 리더십이 중요하다. 나아가 다양한 네트워크 속에서 공동의 목표를 달성하기 위해 어떻게 조화를 이룰 수 있느냐에 역점을 두는 네트워크 리더십도 중요한 가치로 부상하고 있다. 셀프 리더십이나 네트워크 리더십은 결국 인간을 중심으로 한 휴먼 리더십이다. 다양한 욕구와 네트워크가 범람하는 시대일수록 무엇보다도 인간이 우선이어야 하며, 인간의 이해에서 양성에 대한 근원적 이해는 필수적이다.

그러나 네트워크마케팅과 같은 프로슈머형 직접판매 사업만이 미래사회의 유일한 대안이거나 최선의 선택은 아니다. 누구에게나 문이 열려 있고 성공확률은 지극히 낮다며 피라미드와 다단계판매를 '막장'이라고까지 부르는 경제학자마저 있지 않은가. 그럼에도 불구하고 네트워크마케팅에는 대량실업 사회와 평생 직업의 시대, 그리고 여성적인 감성 네트워크사회에 대한 대안이 숨어있다. 비록 아직은 길들여지지 않은 야생마와 같아서 좌충우돌하기도 하지만 곳곳에서 가공할 네트워크의 파워가 사회의 흐름과 맥이 닿아 시너지를 분출하고 있다.

　저자 이성진님은 매주 청주에서 '화요 직접판매 아침모임'에 참석하는 조용한 열정의 소유자이자, 네트워크 비즈니스 전략연구소를 설립할 꿈을 가지고 있는 업계의 소중한 동지이다. 한주도 거르지 않고 새벽에 모인 화요모임은 어느덧 70회를 넘어섰다. 불안한 시대에 보다 많은 사람들이 건전한 대안을 찾기를, 그리고 저자의 땀의 열매가 아름답게 맺히길 소망하며 이 책을 추천한다.

2009년 하지, 퇴촌에서
직접판매연구소 프로슈머 CEO 한정현 소장

CONTENTS

머리말 04

추천사 07

 여성의 능력을 넘보라

남성의 파트너, 여성 16 여성들의 능력발휘 18 과거, 여성들의 직업 20 생존게임의 승리자, 여성 23 직장은 사라지고 직업은 살아남는다 24 위기의 엄마 Power 26 화장품언니, 아모레 아줌마 27 보험 아줌마-보험설계사 29 카드설계사 31 야쿠르트 아줌마 33 참을성과 섬세함의 승부사 34 플러스 알파, 알파걸 36 세상의 중심은 어디인가? 38 도전, 그녀들의 성공을 이끌다 42 미래가 원하는 그녀 43

여성 파워의 비밀

슈퍼 감성으로 겨루다 47 미소와 감성터치로 서비스를 사로잡다 49 미(美)를 아는 자, 세상을 지배하리라 51 친화력, 네트워크 형성 파워 53 수다도 능력이다?! 55 멀티플레이로 살아남다 57

Chapter 3　여성, 새상을 구매하다

여성, 세상을 소비하다 63　Key는 그녀들에게 있다 66　그녀는 인터넷 접속중 66　여성이 통합한다 71　아름다움을 응원한다 75　성공 그녀들의 비결 80

Chapter 4　세상은 카멜레온을 원한다

나의 존재에 자부심을 갖자 85　성을 쌓고 사는 사람들은 망한다 87　가치 키우는 비법 89　인생 바꾸는 긍정의 태도 91　긍정 마인드 93　위기를 요리하라 94　꿈의 크기로 말해라 96　꿈이 생겼다면 크게 꿔라 98　목표를 적시는 간절함 101　성공의 Key를 선점하다 103　생각하고 행동하라 110　말 한마디가 조직을 키우다 111　1인자의 화려함보다 빛나는 2인자의 가치 112　미래 인재의 행동 키워드 114　성공 리더의 지침 121　자투리시간 활용법 121

Chapter 5　미래, 이런 직업이 뜬다

미국을 보면 한국이 보인다. 131　여성의 유망직종 136
미래 여성의 신 직업군 162

CHPTER-01

여성의 **능력**을
넘보라.

여성은 사회와 시대에 따라 끊임없는 요구와 변화를 갈망했다. 서기 2000년 전 여성은 인구조사에서 제외되어 사회 발언권도 보장되지 않았다. 문명이 발달되면서 전반적인 인권이 보장되고 그녀들의 권리와 입지가 커지게 된다. 19세기 중반부터는 본격적으로 여성 운동이 조직화 되었다. 1차 세계대전 전후까지 이어진 제1차 여성운동(Women's Right Movement)에서 여성의 재산, 친권 및 이혼에 관련된 법률이 개정되었다. 여성의 고등교육과 전문직 진출 기회 확대, 노동조합의 노조참여 권리와 노동조건 개선, 선거권 획득 등이 중요한 이슈거리로 등장한다.

제2차 여성운동(The Second Wave, Women's Liberation Movement)은 여성의 정체성을 찾고자했던 것에서 출발하였다. 1960년대 미국의 흑인인권운동과 베트남전 반대운동에 여성들이 참여하는 그 과정에서 사회적으로 여전히 여성에 대한 성차별 관행이 만연하고 있다는 각성에서 비롯되었다. 유럽뿐 아니라 제3세계까지 영향을 미친 제2차 여성운동에서 주요 이슈로는 낙태, 성폭력, 성정체성 등 섹슈얼리티와 관련된 것과 노동임금, 적극적 차별철폐조치(Affirmative Action), 헌법에 평등권조항 삽입(ERA)등 양성평등 제도와 관련된 요구사항 등이 총체적으로 섞여 있다.

1차, 2차 모두 가부장적인 법제도의 개선과 사회의식의 변화와 개혁을 요구했다. 이 요구들은 남성의 에너지가 감소되고, 경제시장의 원리로 여성의 참여가 필수 요소가 되어 자연스럽게 반영되었다. 오늘날 더욱 여성의 목소리가 커진 현실이다. 과거의 여성은 기회가 극도로 제한되었지만 시대에 따라 여성들은 끊임없이 변화했고 급격한 변화 속에서 기회를 잡아 지금의 자리에 와 있다.

남성의 파트너, 여성

중세는 가부장적 세계관과 종교적 제한으로 인해 여성들의 사회 활동이 제약을 받았지만, 르네상스 이후에는 근대에 비해 오히려 자유로운 시기였다. 사회적으로 일자리나 일의 종류가 제한적이었지만 오히려 근대에 비해선 많은 일을 할 수 있었다. 따라서 여성들은 남성을 대리하거나 집안의 가업을 잇는 등 사회적으로 적지 않은 활약을 했던 것으로 나타난다. 이런 점은 우리나라에서는 고려시대의 여성이 조선시대 여성보다 사회적 활약상이 많은 것과 같다. 어떤 경우에 중세여성은 현대의 여성과 비슷하거나 혹은 더욱 강력한 힘을 갖기도 했다.

중세의 학자들은 여성을 두 부류로 보는 사고관이 있었는데 선과 악의 양극단으로 나누어서 평가했다.

그중 하나는 여성을 "성모마리아"처럼 순수하고 경건하며 독실한 천사에 가까운 이미지로 표현했다. 다른 성직자들은 여성을 "이브"의 악함을 물려받아 남성을 유혹하는 '음탕한 종족'이라고 평가했다. 최초의 여성전문작가 겸 페미니스트였던 15세기 프랑스의 "크리스틴 드 피산(Christine de Pisan)"은 "The Book of City of Ladies"라는 책을 출간해 이러한 평가에 정면으로 도전장을 던진다.

이 책에서 여성은 "성모마리아"와 같은 천사도 아니고, 이브의 피를 이어받은 요부도 아니라는 주장을 펼친다. 여성이 남성보다 우월한 부분이 많으며, 여성들은 남편의 종이 아닌 파트너(partner)로써 남편을 도와야 한다는 주장을 한다.

당연히 남성학자들은 이에 대한 반론을 했지만, 여성으로써 병서까지 집필할 정도로 박식했던 크리스틴의 논리적인 반론에 이의를 제기하지 못한다.

그녀는 또 중세의 작가 중 가장 현실에 근접하여 중세여성에 대해 묘사해 놓은 것으로 평가받고 있다.

여성들의 능력발휘

귀족 여성은 대개 12~13세가 되면 정략결혼의 재물이 됨과 동시에 남편에게 종속된다. 그렇다고 해서 중세 귀족여성이 사회적으로 중요한 역할을 담당하지 않았느냐하면 그렇지 않다. 이론상으로는 귀족여성이 남편에 종속된 몸이었지만, 그녀들은 남편의 부재(不在)시 영주대리로써 영지의 대소사를 관할했다. 이러한 권한은 중세유럽에서 영주들이 잦은 전쟁으로 자주 영지를 비웠다는 것을 감안하면 막중한 책임감과 상당히 중요한 임무였다고 볼 수 있다. 남편이 있는 경우라도 일반적인 백작의 경우 백 명이 넘는 궁정이나 저택의 고용인들을 관리하는 역할을 했다.

이런 남편의 보조 또는 대리인으로서의 권한 외에도 귀족부인은 기본적으로 남편 영지의 30% 정도에 관한 권한과 권리가 있었다. 이러한 귀족여성들은 진정으로 남성에 버금가는 권력을 행사할 수 있는 기회도 있었다. 바로 영지의 상속인인 경우나, 남편이 사망하고 그 자식들이 사회적으로 어릴 경우 귀족 여성은 영주의 직위를 맡았다.

이러한 독립된 영주로써의 여성의 비율은 14세기 프랑스를 기준으로 대영주 중에서는 여성이 5퍼센트 이상, 일반영주는 10퍼센트 이상이 여성을 가주로써 등록되어 있다. 여성이 남성과 동등한 직위를 지니는 남녀평등의 현대에 와서도 사회 최고 위층 중에서 여성의 비율이 낮은 것을 감안하면, 중세사회에서의 사회고위층 여성비율은 상당히 높은 편이다. 이 여성 대영주들은 국왕의 어전회의에 참가할 수 있는 권한이 있는 등, 남성 영주들과 동등한 권한을 누렸다. 어떤 경우에는 귀족여성(혹은 왕족 여성)의 권력이 왕을 압도하는 경우도 있어서 '아키텐' 영지의 상속자 이자 프랑스의 여왕, 영국 여왕 등을 거친 '아키텐' 의 "엘레노아"는 전 유럽에서 가장 강력한 권력자 중에 하나로 명성을 떨쳤다. 그녀의 힘은 국민과 귀족에게 인기가 없었던 영국의 "존" 왕(엘레노아의 아들)을 왕위에 올려놓을 만큼 강력했다.

이슬람 측의 기록에 따르면, 십자군 당시 유럽군과 이슬람군 양측 모두다 여성전사들을 포함하고 있었다고 하는데, 당시 용감한 여성들은 십자군 전투에 참전하기도 하고, 직접 군대를 이끈 여성 영주들도 많이 있었다. 어느 여왕은 5백 명의 기사를 이끌고 직접 전투에 참가했다고 전한다.

평민 여성들은 귀족 여성들 처럼 사회에서 중요한 역할을 담당하지는 않았지만, 가정에서 경제적으로 중요한 역할을 담당했다.

농부의 아내는 남편과 농사를 함께 짓거나, 상류층의 귀족 저택에서 세탁을 해주는 일을 맡아 짭짤한 수입을 올렸다. 또 맥주를 만들어 가정경제를 풍족하게 하는 역할을 했다. 이 밖에도 남성과 함께 가정에서 할 수 있는 소일거리나 마을 단위의 소일거리로 길드나 가내수공업 형태의 일을 하기도 했다.

과거, 여성들의 직업

도시에서는 결혼한 여성이 아니더라도 독립된 직업을 가지고 있는 여성들이 상당히 많이 있었다. 여성 노동임금(勞動賃金)은 남성의 4분의 3 정도의 임금(賃金)이면 고용할 수 있어서 수공업에 종사하는 여성이 많았다. 직물업 같은 경우에는 완전히 여성만이 종사한 직종이었다.

직물업에 종사하는 여성의 경우 평균적으로 농가수입의 5~7배의 수입을 올릴 수 있었다. 물론 농촌과 마찬가지로 도시에서도 완전한 남녀평등은 이루어지지 못했으나, 서유럽의 중세도시에서 상인길드나 수공업의 동직길드의 장인(丈人)은 직계 가족에게만 장인(匠人)의 직위를 허가했다.

여성들의 역할이 가장 뚜렷했던 것은 의학 분야다. 중세에서 의과대학을 졸업한 전문의는 거의 대부분이 남성이었지만, 치료사나 약사는 대부분이 여성이었다.

이들 중에 치료사로서 경험있는 여성 치료사는 의과대학을 졸업한 남성 의사보다 뛰어난 여성도 있었다. 프랑스의 "사라"라는 여성 치료사는 남성 의사들이 고치지 못한 병도 고쳐내는 실력을 보여주기도 했다.

여성 치료사들이 남성 의사들에게 심각한 위협이 되자, 남성 의사들은 실력있는 유능한 여성 치료사를 마녀란 누명으로 제거하기도 했다.

제한된 기회와 사회 환경 속의 중세시대에 여성에게 가장 매력적인 직업은 바로 성직자였다.

성공적으로 대수녀원장의 직위에 오를 경우, 거의 대영주급에 해당하는 권력을 행사할 수 있었기 때문이다. 또한 여성이 유일하게 고등교육을 받을 수 있는 곳이 수녀원이어서 학문에 관심이 있는 여성이 수녀의 길을 걷기도 했다.

이렇게 사회 각층에서 경제적, 사회적으로 중요한 역할을 하던 여성은 르네상스를 지나 근대에 접어들면서 급격한 여성 지위의 하락과 남성 우월주의로 남녀평등이 깨지게 된다.

우리나라도 서양의 중세인 고려시대에 여성의 직위가 상당한 수준이었다가, 조선시대 들어 여성의 직위가 급격히 하락한 것처럼 말이다. 얼마 전 종영된 '주몽'은 고구려 건국의 역사를 반영한 것으로 '주몽'에서 '소서노'는 여성이지만 건국(고구려, 백제)과 정치 사회 속의 중심적 참여와 관여를 했다는 것을 알 수 있었다. 최근 방영 중인 고려시대를 반영한 KBS드라마 "천추태후" 명복궁의 헌애왕후(고려 5대 경종의 3비) 궁주처럼 여성이 말을 타고 활을 쏘며, 전쟁에 참여하고, 공공연히 정치에 관여하는 것은 그 시대에 자주 있었던 일이다. 이와 같이 중세의 전쟁과 싸움, 재난이 많던 시기에 일부 여성들은 홀로 된다던가, 순례 중에 강도를 만나는 등 특수한 상황에 따라 직업이 바뀌거나 새로운 직업을 갖기도 했다.

　여성이 갖는 특수성 즉 성을 상품화하는 '창녀'란 직업에 종사하는 경우가 많았는데 교회도 이를 범죄시하기는 했지만, 가혹한 처벌은 하지 않아서 성과 관련된 직업이 성행을 했다.

　매춘부와 그를 관리하는 포주 등이 그것이고 이들 매춘부들을 치료하는 '의사, 약사' 등이 여성이었다.(물론 성을 파는 행위에 특별한 교육을 받은 것은 아니다.)

　이 당시 여성들이 가졌던 직업을 소개하면, "영주, 여성 도제, 직물업 종사자, 세탁업, 양조업, 치료사, 약사" 등이 있었다. 하층민 계층에서 했던 직업으로는 "유모(자신의 아이가 죽거나 했을 경우 모유를 파는 여성), 염색공(극소수의 여성이 했던 직업으로 손가락이 물드는 경우 전한 사람으로 보았음), 샴브리에(소를 돌보는 여성), 산파(아이를 낳는 일을 돌보는 여성), 산파의 경우 수대에 걸쳐 그 부모로부터 기술을 전수받아 실제 의사들보다 뛰어난 경우가 많았다. 여성 치료사, 유사바드 혹은 스칼드(음유시인)로 수녀원 출신이나 유랑극단에서 일을 했으며 무희(유랑극단)로 축제 등에 동원됐다.

생존게임의 승리자, 여성

　남성은 귀족의 경우 상류사회에 속해 있을수록 조직을 만들고, 하층민으로 가면 용병이나 이미 조직화된 곳의 구성원이 되고자하였다. 이에 반하여 여성은 자신들의 위치에서 할 수 있는 일들을 했기 때문에 가계에 시대적 사회적 전수가 가능하여 오늘날 까지도 그들의 하던 일들이 전해오는 경우가 많다. 그만큼 생존경쟁의 게임에서 여성들은 살아남았다고 할 수 있다.
　여성은 사회 구조 속에서 자신이 할 수 있는 일을 찾는다. 직장을 찾기 보다는 직업을 갖기 원하고 그 속에서 직장도 선택하기 마련이다. 대학에 학과를 선택하는 것과 회사 안에서 부서를 선택하는 일에서도 자신이 할 수 있는 가능한 일을 갖기 위해서 안간힘을 쓴다.

직장은 사라지고 직업은 살아 남는다.

남성은 배우고 찾는다.
여성은 배우고 갖는다. or 배우고 찾고 갖는다.
직장이란? 사람들이 일정한 직업을 가지고 일하는 곳으로 시간적 개념보다 공간적 개념에 가깝다. 그럼 직업이란? 자신의 적성과 능력에 따라 일정한 기간 동안 종사하는 것으로 공간적 개념보다는 시간적(감각적) 개념이 강하다.
직장은 사라지고 직업은 살아남는 우리 주변의 현실을 볼 때 생활의 자유를 위해 찾거나 갖는 방법은 변화다.
'조정'과 '래프팅(rafting)'의 차이처럼 다양한 변화와 위험 속에 기회의 시대가 급물살로 진화를 거듭하고 있다.
게임의 무대가 바뀌면 게임의 방식을 바꿔야 한다. 옛날 구시대적인 방식과 사고(思考)관으로는 이 난제(難題)를 해결할 수 없다. 래프팅(rafting)을 경험하고 있다면 그에 맞는 방식과 마음의 자세가 필요한 것이다.

조정의 팀워크와 선탑자의 방향지적인 리더십(leadership)은 고전의 전승을 따르고, 래프팅(rafting)의 창의적 발상과 임기응변(臨機應變)이 필요하다. 이것은 곧 순발력과 변화, 처세술, 집중을 말한다. 이러한 급류가 휘말리는 낭떠러지의 절벽 아래 우리의 현실은 무얼 의미하는가?

조정은 잔잔한 물에서 경기하지만 래프팅(rafting)은 급류에서 경기한다.

조정은 구성원 모두 리더에 시선이 고정되어 있지만 래프팅(rafting)은 구성원의 시선이 전방과 주위 환경에 사방경계의 형태이다.

조정은 노의 방향이 일사불란(一絲不亂)하게 통일된 모양과 타이밍을 유지하지만, 래프팅(rafting)은 조직적이면서도 제각기 다른 환경과 개성을 보인다.

노를 안 젓는다면 조정은 정지할 것이고 래프팅(rafting)은 배가 전복될 것이다.

우승의 조건이 조정은 속도이지만, 래프팅(rafting)은 전복을 피하고자하는 생존과 속도이다.

이렇게 근본적으로 다른 조정과 래프팅(rafting)처럼 우리의 경제 게임의 경기장이 변화했다면 경제 게임 방식의 변화도 불가피한데 아직도 조정을 꼭 고수하는 사람들이 많다. 특히 남성의 경우 변화를 싫어하고 현실에 안주하는 경향이 두드러진다. 그러나 앞으로 언급할 여성들이 옮겨간 직업군을 살펴보면 그녀들의 경제 게임의 장과 방식이 실용적으로 환경에 잘 적응하고 변화했음을 알 수 있다.

위기의 엄마 Power

위기에서 여성은 더욱 강하다.

"조앤 롤링"이 남편의 폭력 앞에 법의 뒤로 숨어버리거나 나약한 모습으로 일관했다면, 영국정부의 보조금을 받으며 아이(딸 제시카)와 자신이 처한 환경적 현실에 안주하고 굴복했다면, 오늘날 그녀의 '해리포터'는 존재하지 않았을지도 모른다. 10년 전을 보면 조앤 롤링은 정부 보조금으로 생활하면서 집필장소가 없어 딸 제시카를 안고 카페를 전전하면서 원고를 작성했다.

본래 여성은 지혜롭고 강하다.

"우리 문화의 수수께끼"에도 나와 있는 "진도 도깨비 굿"을 보면 일상생활에서 억눌리던 여성들이 가장 중대한 문제를 해결하는 데서는 그녀들이 주역이 되어 역전의 드라마를 연출한다. 이는 평소에는 은폐되었던 여성의 성적 상징물이 사회적 문제를 해결하는 하나의 적극적 통로라는 사실을 드러냄으로써 모(母)권적 생식의 힘을 과감하게 등장시킨 것이다. 모든 마을의 여자들이 모여서 장대 끝에다 피 묻은 속곳을 높이 내걸고, 풍물을 두드리고, 그릇이나 양푼이 같은 쇠붙이를 들고 나와 두드려 소리를 내 도깨비들을 내쫓는 과정 속에서 여성들의 강한 대응력을 볼 수 있다. "어머니의 깃발"에서 미륵을 파가려던 사람들(도깨비)을 몰아내려는 진도 여인들의 저항을 보면 도깨비 굿의 사회적 의미를 여실히 발견할 수 있다. 여성은 위기에 강하고 자식에 관하여는 세상의 그 어떤 것보다 강하다. 최악의 순간 더욱 그 힘을 발휘한다. 극한 상황에서 살아남는 것은 여성이 아닌가! 라는 생각이 든다.

한국 어머니들의 사회진출에서도 그 힘을 볼 수 있다. 화장품 판매, 보험설계, 카드설계사, 야구르트 판매가 대표적이다.

화장품언니, 아모레 아줌마

'아모레 아줌마'는 한국사회의 현대사적 여성의 사회진출에 시발점으로 일하는 여성을 상징하는 의미로 화두(話頭)된다.

화장품의 방문판매는 1944년 지금으로부터 약 65년으로 거슬러 올라간다. 당시 밀려드는 고급 외제 화장품에 대응하기 위해 아모레퍼시픽은 아모레화장품을 출시하고 국내 최초로 가정판매를 시작했다. 이때부터 아모레 아줌마라는 말이 등장했다. 이들은 브랜드 출시 초기에 신제품 홍보는 물론 판촉에서 고급 화장품 판로까지 개척했다.

태평양의 화장품 방문판매 역사는 40년에 달한다. 1964년 9월에 처음 시작했으니 한국 화장품산업의 발전과 궤적을 같이 해 온 셈이다.

태평양의 방문판매제도는 "고(故) 서성환" 창업자의 의지로 시작됐다. 1964년 당시 지정판매소제도에 한계를 느낀 서성환 회장은 고객을 직접 찾아 나서는 방판사업을 출범시켰다. 화장업계에서 '유통 혁명'으로 불릴만큼 대단한 파장을 불러일으킨 것은 물론 피폐한 경제상황 속에서 여성의 사회활동 기회를 확대시켰다는 긍정적인 평가도 받았다. 1966년 6월에는 국내 최초로 CM송을 사용한 라디오 광고를 시작하는 등 적극적인 홍보와 마케팅으로 방판 활성화의 물꼬를 텄다. 이후 특약점 체계화, 교육지 (아모레 뉴스)창간, 아침교육 실시, 메이크업 캠페인, 사외보 (향장)발간 등을 거치면서 방판은 전성기를 맞았다.

태평양은 성장과 감소 속에서 '설화수' (1997년) 성공과 함께 다시금 방판신화가 만들어지기 시작했다.

태평양 방판의 주역은 전국 400여 특약점·영업소를 거점으로 활동 중인 3만 여명의 '아모레 카운슬러'에 대한 교육시스템을 시장 환경, 고객성향, 사회변화 트렌드에 맞춰 교육내용과 제도를 운영하고 있다.

보험 아줌마-보험설계사

국내 보험은 1960년대 산업화의 초석을 바탕으로 우리나라를 오늘날 세계 7대 보험강국으로 성장하게 한 인지산업(人紙産業)이다. 종이와 사람만 있으면 가치를 창출한다는 의미이다. 그러나 결코 교육을 통하지 않고는 사회 속에서 산업 영역 안착과 영업에 있어 핵심적 역량을 만들 수 없다. 보험 역시도 교육을 통해 완성되고 발전되었다. 즉, 보험은 "영업이 아닌 교육에서 출발한다."라고 말한다.

보험의 보급화와 인식이 좋지 않았던 시기가 있었다.

보험의 탄생 배경은 전쟁과부들의 재정적인 지원을 위해 국가적 차원에서 시작하였는데, 우리나라에 본격적으로 도입, 보급된 시기도 그와 다르지 않다. 물론 그 이전에 일제강점기시대 일본 및 영국계 보험대리점이 개설되었다.

꽤 오랜 기간 "보험아줌마"라고 불려 지던 때가 바로 얼마 전, 우리의 어머니 세대, 현재의 어머니들이 주도한 것이 우리나라 보험의 현실이다.

잘 살아보고자 하는 놀라운 열정과 힘든 현실을 벗어나고픈 갈망, 자식에게 가난을 물려주고 싶지 않았던 욕구를 보험사가 적절히 이용한 것이다.

현실적으로 고모, 이모, 사촌누나 한 가족의 한사람은 보험 영업을 하고 있다고 봐야할 것이다.

보험은 상당히 복잡한 금융 상품이다. 당시 못 배웠던 어머니들이 나름 공부했지만 한계를 보여주는 대목인 것이다. 아줌마가 좋다고 해서 들었더니 시간이 지나 몸이 아프거나, 다쳐서 청구해도 안 된다고 하고, 중간에 돈이 필요해서 해약하면 원금도 안 되고, 2개월 이상 연체하면 적금하고는 달리 실효되는 등의 정보전달이 잘 안되어 불편을 겪은 경우가 많았다. 그러나 통신의 발달이 미흡했던 시절, 실효 통보가 제대로 이뤄지지 않는 '차후관리'를 처음부터 보완했다면 지금보다는 인식이 빨리 좋아졌을 것이다.

설계사의 연령대가 낮아지고 정보가 많아짐에 따라서 보험도 인식이 서서히 좋아졌다. 인터넷과 각종 커뮤니티와 고발 TV 프로그램 등의 많은 정보로 인한 고객들의 상품이해도가 높아졌기 때문이다.(참고로 유럽에서는 금융상품을 보험사가 판매하고 있기에 인식이 좋다.)

 가입보다 유지가 중요한 건 모든 금융상품이 마찬가지이지만, 보험엔 절대적이다.

 하나하나 소비자가 이해하고 알아갈수록 환경이 변화되고 보험의 인식도 대변화를 가져오고 있다.

카드설계사

 카드설계사는 초기에 여성들이 대거 참여했으며, 주로 보험이나 방문 판매업에 종사했던 사람들이 많이 입사했다. 남성들이 대수롭지 않게 여겼던 카드설계사가 지금은 고소득 분야로 주부카드설계사 CP가 고소득 전문직으로 빠르게 자리잡았다.

 "영업력 강화 프로그램(SSP)을 실행하는 등 과학적인 교육과 차별화된 보상 프로그램으로 CP를 세일즈 전문가로 육성해 나가고 있기 때문이다.

 나의 고객이 저절로 생겨나고 평생수익이 되는 획기적인 사업아이템(item)이란 마케팅으로 신용카드 회원 확보 과당 경쟁 속에 카드회원을 모집하는 '신용카드설계사'는 주부들에게 인기 직업으로 부상했고 팔레트의 법칙처럼 일부는 고소득을 받고 있다.

　2001~2003년 기준으로 신용카드 회원 확보 과당 경쟁 속에 카드회원을 모집하는 '신용카드설계사'는 주부들에게 인기 직업으로 부상했었다. 당시 주부설계사는 LG, 삼성 등 전문카드사와 은행권을 합쳐 2천여 명 이상으로 추산된다. 입사조건이 까다롭지 않고 근무형태도 자유로워 꼭 필요한 가정의 대소사를 챙길 수 있고 실적에 따른 수입도 괜찮아 선호했다. 또 보험설계사에 비해 업무가 단순한 것도 카드설계사를 찾는 이유였다. 카드사업 경쟁이 치열해짐에 따라 카드사는 설계사를 수시로 채용했고 지금도 그렇다. 실적 수당은 회사마다 차이는 있지만 신규 회원 1명 모집에 평균 1만 원 정도. 20명 모집하면 수당포함 월 평균 1백만~1백 50만 원을 받았다. 팀장급은 각종 수당을 합쳐 월 평균 수입이 5백만 원이 넘기도 한다. 실적 수당은 크게 신규회원모집 수당과 카드종류, 회원카드이용 금액에 따른 수당, 설계사 확장 수당으로 신규 모집량에 따라 포지션의 단계에 따라 수당 규모가 정해진다. 카드사마다 500만 원, 이상 고소득에서 실적수당이 1백만 원도 안 되는 설계사까지 천차만별이다. 카드사 경쟁이 치열한 만큼 카드설계사 들의 영업도 쉬운 것이 아님을 말해준다. 또한 카드설계사의 인기도가 높아지면서 충원이 늘고 상대적으로 모집량이 줄어들고 있다. 카드가 다양한 매체와 합병되고 통합되면서 새로운 산업군

과 직업군, 다양한 모집채널의 등장으로 일부 엘리트들만 살아남을 것으로 전망되고 있다. 계속해서 모집 매체가 생기고 다양한 방식으로 카드가 통합될 것으로 본다.

야쿠르트 아줌마

'야쿠르트 아줌마'는 이제 단순히 판매원이나 배달원을 의미하지 않는다. 어느 사이에 일하는 주부를 상징하는 하나의 대명사로 자리 잡았다. 그만큼 우리들에게 친숙하고 유통분야에서 차지하는 비중이 막강하기 때문이다. 더 나아가 야쿠르트 아줌마는 국내 굴지의 대기업 한국야쿠르트를 지탱하는 중심 축이다. 전국을 누비는 아줌마군단 없이 한국야쿠르트를 생각하기란 불가능한 것이다.

야쿠르트 아줌마가 처음 등장한 것은 지난 1971년 5월이다. 47명으로 출발 이후, 기하급수적으로 늘어나 78년 3천명, 83년 5천명, 98년 1만 명 현재 약 1만 2천명의 아줌마들이 아침마다 가가호호(家家戶戶)방문하며 야쿠르트를 소비자들에게 전달한다. 이들이 하루에 판매하는 발효유만 6백 만개를 넘을 정도다.

야쿠르트 아줌마는 전국 읍면단위 이상의 지역을 1만 2천분 등분하여 중복이나 빠짐없이 관리하고, 각 지역의 골목 구석구석을 누비며 고객을 밀착 관리했다. 영업과 홍보를 동시에 하므로, 광고효과는 크고 마케팅비용은 타 상품에 비해 작게 들었다.

참을성과 섬세함의 승부사

진해의 '해군 특수여단' 극기 훈련은 지옥훈련으로 불릴 만큼 '악명'이 높다. 아찔할 정도의 절벽을 기어오르는 암벽등반, 7m깊이의 잠수전투훈련장에 밀어 넣는 수중장애물 극복훈련, 고무보트 메고 달리기. '데미 무어'가 삭발하고 열연한 영화 'GI 제인'의 지옥훈련 장면을 연상하면 된다. 남녀 양궁대표선수들이 이 훈련장에 2001년 8월 입소했다. 세계선수권대회를 앞두고 체력과 정신력을 키우기 위해서였다. 문제는 바로 다음 날 남자선수들이 '힘들어서 못하겠다.' 며 퇴소해 버렸다. 그러나 여자선수들은 나흘 동안 끄떡없이 버텨냈다. 놀라운 일이다. 참을성이 필요한 스포츠나 손으로 하는 일에는 그동안 바느질과 자수 등으로 섬세한 감각을 익혀왔던 여성이 더 잘할 수 있는 것이다. 병아리 감별사, 미용사, 네일아트, 골프, 핸드볼, 양궁, 탁구 등이 여기에 해당될 것이다.

근대사회에서 1980년 이전에 이르기까지 여성들은 살아남기 위해 주로 제조업체의 단순 노동이나 재봉틀, 제단, 경리(타이프리스트), 식당일 같은 허드렛일을 해왔다. 당시까지 만해도 여성이 사회적으로 많이 배우지 못한 시대였고, 군사정권속의 남성위주의 사회였기에 여성이 사회에 진출하여 인정받는 것을 곱지 않은 시선으로 바라보았기 때문이다. 결국 직장에서 여성이란 이름으로 설자리가 별로 없기에 자신들이 할 수 있는 일로 전업주부가 대부분이었다. 한정된 직장 또는 남성들이 하지 않는 분야 속에서 가능한 일을 찾아 갖게 되었으며 이렇게 가계에 도움을 주었던 것이다. 그런데 남성들이 배척하고 안일하게 여기며 잘못 대처했던 그런 직업의 부류가 일부 없어지기도 했지만, 일부는 최근에 각광을 받고 있는 현실이다. 그녀들은 스스로 자신이 할 수 있는 일을 갖기 위해 간절히 찾았던 것이다.

플러스 알파, 알파걸

할 수 있다고 믿는 일을 자신의 것으로 만들고 갖기 위해서 인내하고 열심히 하는 것은 기본인 일등(알파걸 – Alpha Girl, 베타걸 – Beta Girl)걸, 끝장 보는 걸(Girl)에게서 배워라.

톰 피터스는 그의 저서 리-이매진(Re-imagine)에서 '리더십과 구매력을 보유한 여성의 힘은 인터넷보다도 강력하고 활발하게 움직이는 살아있는 파워가 될 것'이라고 예측하였다. 또한 '미래는 여성의 것'이라고 주장한 작가 헬렌 피셔의 말을 인용하여 기업 및 사회 각 분야의 보스로서 여성이 지배하는 시대가 올 것임을 말하고 있다.

최근 미국의 아동심리학자인 댄 킨들 존은 공부, 운동, 리더십 등 모든 분야에서 남학생들을 능가하는 새로운 사회계층인 '알파걸(Alpha Girl)'이 등장했다고 말했다. 이는 그리스 알파벳의 첫 글자인 알파를 따서 만든 용어로써 높은 사회성과 강한 리더십을 보이는 10대 여고생을 지칭하는 단어이다. 그러나 우리나라에서 알파걸은 능력과 자신감을 갖추고 자신들의 지향하는 목표를 달성하기 위해 노력하는 20대 젊은 여성들이라고 할 수 있다.

교사, 공무원, 각종국가고시, 사법고시에선 여성의 합격률이 해마다 높아지고 있다. 지난 사법연수원 졸업생 중 최상위권만 모인다는 서울·경기지역 판사 임용결과 18명 중 16명이 여성이었다. 것은 사회성 측면에서도 여성이 남성을 압도하기 시작하였다는 것을 의미한다고 하겠다.

앞으로 알파(α)걸의 활동이 우리나라 발전의 또 다른 지향점이 될 것이라고 생각된다.

여풍의 중심세력인 알파(α)걸의 원조는 고대국가인 고구려와 백제의 건국에 주도적인 역할을 한 '소서노'라 생각한다. 소서노는 그녀의 두 아들인 비류와 온조 등 졸본부여 세력을 이끌고 고구려를 탈출하여 남쪽으로 내려가서 비류(비류백제)와 온조(온조백제)로 하여금 백제를 건국하게 만든다. 소서노는 자신의 능력과 리더십으로 고구려와 백제 양국을 건국하게 만든 세계 역사에서도 보기 드문 여걸이라 하겠다.

지금 우리는 실력과 리더십으로 사회각계에서 두각을 나타내는 알파(α)걸의 등장을 환영해야 한다. 창조성과 연상력, 지적자본의 시대로 접어들면서 뛰어난 인재가 부족한 인재공백 현상이 우리의 현실이기 때문이다. 국제경영개발연구원의 자료에 의하면 우리나라는 58개 주요국가 중 38번째로 두뇌유출이 심각한 나라라고 한다. 이는 인재를 경쟁국가에 빼앗기고 있다는 것을 말해준다. 국제경쟁력은 기업(일자리), 자본(돈), 인재(사람)로 결정된다. 세계 각국은 기업, 자본, 인재를 더 좋은 조건에서 모셔가려고 경쟁하고 있다. 그러다보니 인재의 중요성은 인재쟁탈전으로 이어지고 있다. 최근 대기업의 임원인사에 여성 임원 발탁이 눈에 띄게 늘고 있는데 여성인력이 거둔 성과가 남성을 넘어서고 있다는 것을 시사하고 있는 대목이다. 소득 3만 달러의 선진국에 진입하기 위해선 여성인력의 경제활동 참가율이 높아져야 한다고 세계적 컨설팅 전문회사인 맥킨지는 진단하고 있다.

하루가 다르게 변화하는 무한경쟁의 경영환경, 여성성과 감성을 중시하는 사회분위기에서 남성위주의 인재확보는 '세상의 절반'을 포기하는 것과 다름이 없다. 21세기 지식기반 정보화 사회에선 여성성과 감성경영을 중시하는 사회적 변화가 일어나고 있다. 이것은 전문 인력의 실력과 섬세한 포용력을 갖춘 알파(α)걸들의 사회진출을 가속화시키는 원인이 된다고 본다.

세상의 중심은 어디인가?

지금 여러분은 어디에 서 있는가?
어떤 생각으로 무얼 하고 있는가?
세상의 중심에서 본질적 가치를 외쳐보지는 않으시겠는가?

바로 여러분이 꿈꾸는 그 가치를 실현시키기 위해서…….

"세상의 중심에서 사랑을 외치다!"

한 중소기업에 취직한 박씨(33)는 서울 동대문에서 의류장사를 하다 업체의 부도로 일자리를 잃었다. 이후 대학 전공(회계학)도 살릴 겸 이 분야의 실업자 교육을 받았다. 곧바로 현재 회사에 취직했고 입사 2년 만에 과장으로 승진하는 등 입사 동기들보다 승진도 빨랐다. 박씨는 '회계 분야의 전문기술을 가지고 있어서 다른 동료들보다 승진이 빨리 된 것'이라고 말했다. 교육 수료 후 세무사 사무실에서 일을 하고 있는 김씨(39)는 '월급은 100만원 조금 넘지만 주 5일에 시원한 사무실에서 일하는 등 근무여건이 좋다.'고 했다. 특히 단순 업무가 아니라 전문직이어서 시간이 지날수록 경력이 쌓인다는 것에 만족하다고 했다. 그녀는 초등학생 자녀를 둔 주부였다."

그러나 회계프로그램의 개발로 이 일자리도 경쟁구도 속에서 얼마나 살아남을지 걱정된다. 미국의 공인회계사들이 일자리를 찾아 동부서주하고 있고 국내도 서서히 경쟁력이 필요한 시기로 접어들었다. 결코 안전한 자리는 없다. 가치 있는 일을 찾아 나와 내 가족, 내가 없어질 때 나의 영향력으로 자녀들이 풍요롭게 살 수 있는 길을 찾길 바란다.

1인 3역을 성공적으로 해냄으로써 엄마들의 역할모델이 된 유통 영역의 여성들이 있다. 그 여성들의 생활습관과 사고관은

일반적으로 엄마들이 놓치기 쉬운 일상적인 기쁨과 행복을 느끼며 전문주부로 성공하는 길이다

많은 엄마들이 불행하다고 느끼는 이유가 미래를 위해 현재를 포기하기 때문이라고 생각한다. 따라서 말뿐이 아닌 진정으로 행복해지길 바란다면 오늘 할 일, 하고 싶은 일을 다음으로 미루지 않으며, 매순간을 즐기고 충실하게 임해야한다.

인생은 찰나다. 미래를 위해 준비하려면 오늘 충실하지 않으면 안 된다. 항상 오늘 지금 제대로 사는가? 삶의 가치와 목적이 있는가? 아이가 웃고 있는가? 내가 행복한가? 아이와 남편과 소통하며 살고 있는가?에 대해 물음을 던져보자.

많은 엄마들이 불행하다고 느끼는 이유가 미래를 위해 현재의 즐거움을 포기하기 때문이라고 생각한다. 따라서 진정 행복해지길 바란다면 오늘 우리 시대에 내가 가능하면 남보다 빨리 변화하여 해야 할 일, 하고 싶은 일을 다음으로 미루지 말고 매순간을 즐기기자.

그리고 "자부심을 갖자"

"여성으로서 엄마로서의 자부심" 얼마 전 한 증권회사에서 주부들의 노동 가치를 연봉으로 환산하여 발표한 일이 있다. 그에 따르면 우리나라 주부들의 연봉은 2,100만원~2,500만원 정도라고 한다. 비슷한 시기에 발표된 미국 주부의 연봉 1억 3천만 원에 비하면 터무니없는 금액이긴 하지만 그럼에도 불

구하고 이 발표는 평소 자신의 일에 자부심을 갖지 못하던 주부들에게 힘을 실어 주고 있다.

사실 따지고 보면 엄마들의 노동 가치가 어찌 그뿐이겠는가. 육아, 교육, 요리, 세탁, 청소, 가정경제 등 돈으로 환산할 수 있는 노동력은 차지하고라도 가족 구성원들의 동기부여가로서 자신감을 주고, 의욕을 불러일으키고, 편안하게 쉬면서 재충전할 수 있게 하는 등의 정신적 안식처로서의 역할까지 감안한다면 주부의 노동 가치를 돈으로 환산한다는 것은 불가능한 일인지도 모른다.

그러나 이처럼 중요한 역할에도 불구하고 자신의 일에 보람이나 긍지를 느끼는 자존감이나 자신의 정체성을 느끼는 여성은 많지 않다. 그냥 무의식중에 의무적으로 사랑하니까 막무가내로 베푸는 것이다. 거의 여성은 신이다. 물론 다 그런 것은 아니다. 집안일이라는 것이 제대로 하려면 끝도 없고 해도 해도 티가 나지 않는 반면 잠시라도 손을 놓으면 금방 티가 나기 때문이다. 그러니 의욕적으로 시작했던 사람도 얼마 못 가 지치기 쉽고, 게다가 누구나 다 하는 하찮은 일로 취급되기 일쑤이니 일명 가사일의 폐경기, 권태기는 무기력함으로 자부심을 갖기 어렵다. 자신을 귀한 존재로 대접하고 대접받은 여성은 자부심이 있기에 집에서도 다정한 엄마, 영리한 엄마로 존재의 가치가 인정받는다.

도전, 그녀들의 성공을 이끌다.

여성으로 성공한 사람들, 남성들의 편견과 오만한 시선을 극복한 위대한 존재이다.

핀란드의 수도 헬싱키의 노동자 거주 지역에서 태어나 정치에 입문한 사민당 출신의 타르야 할로넨. 그녀는 1990년 법무부장관, 1995년 내각 외무장관, 2000년 2월 8일 새로운 대통령으로 선출되었다. 그리고 2006년 연임되어 얼마 전까지 막강 권력을 행사했다. 여성총리가 비리혐의로 사퇴하면서 그 힘이 축소되었지만 그녀는 여전히 인권과 소수의 권리와 복지정치에 힘을 쏟고 있다.

독일의 메르켈 총리는 그의 집권 하에 2001년 이후 가장 높은 경제성장률을 보였다. 그녀의 정책은 과다한 복지비 지출축소, 고용확대, 투자환경 조성을 위한 전면적 노동개혁, 동독에 대한 재정지출 확대 등이었다.

스리랑카의 드리카 쿠마라퉁가가 1994년 11월 대통령에 선출되었고, 그녀는 자신의 어머니 시리마보 반다라나이케를 총리로 임명했다. 반다라나이케는 이미 1960년부터 1965년까지, 그리고 1970년부터 1977년까지 세계 최초의 여성 총리를 역임했다.

사랑과 의지적 삶이 일치하는 마더 테레사. 테레사는 어디에

뭐가 필요한지를 알아 적절히 대응하고 모든 의혹에도 불구하고 조직을 구성하고, 회헌을 작성하고, 전 세계에 지부를 파견하는 등 전형적이고도 정렬적인 실업가로 보인다.

영국의 전 총리 대처는 교육·과학 장관을 거쳐 1975년 히스를 물리치고 영국 최초의 여성 당수(보수당)로 선출되었다. 4년 뒤 1979년 영국 최초의 여 총리에 취임한다. 총리 재임시절 과감한 정책 추진과 독단적인 정부 운영 등으로 '철의 여인'이라 불리게 되었다. 대처는 집권 이래 공산주의와 노조에 끈질기게 맞섰고 자본주의 원칙을 지키기 위해 강인하게 싸웠다.

시대를 이끌었던 여성들에게서 우리는 많은 것을 배우고 경험한다. 그녀들은 변화에 민감했기 때문에 기회를 알아봤고 도전에 인색하지 않았다. 실패와 위기를 두려워하지 않는 용기로 성공을 일궈낸 것이다.

미래가 원하는 그녀

롤프 옌센은 정보화 사회의 뒤를 드림 소사이어티(Dream Society)가 이을 것이라고 단언한다.

드림 소사이어티(Dream Society)는 기업, 지역사회, 개인이

데이터나 정보가 아니라 '이야기'를 바탕으로 성공하게 되는 새로운 사회이다.

데이터나 정보가 아니라 이야기를 바탕으로 성공한다. 이는 여성의 초강세 영역으로 Communication(대화/말)이 앞으로 경쟁력이 되고 성공사회의 열쇠가 되는 것이다. 그렇다면 여성은 리더십의 영역에서도 유리한 고지를 차지하게 될 가능성이 높다.

남성은 서열을 선호하고 여성은 연결을 선호한다. 남성은 정보, 지위를 추구하고 여성은 관계와 감성교환을 선호한다. 아무래도 대세는 연결(이야기), 관계(수평적), 감성(섬세함/연상력/생각하는) 쪽으로 흘러간다는 것으로 변화하지 않는 남자들은 서서히 밀려날 수 있다.

앞으론 여성이 시장을 지배하고 득세하는 세상이 오는 게 아니라 여성의 천성적 장점인 여성스러움이 득세하는 세상이 될 것이다.

CHPTER-02
여성 파워의 비밀

슈퍼 감성으로 겨루다

남성은 하드웨어, 여성은 소프트웨어

여성은 변화에 민감하게 반응하고 환경적응력이 빠르다. 여성이 관계와 감성교환을 선호하는 경향이 있기 때문이다.

"기존의 사고방식은 '사실 What is'과 관련되어 있는데 '상상력 What can be'을 펼치는 데 부적합하다."

지금은 현재의 결과와 사실보다는 내가 무엇을 할 수 있는지의 감성의 영역이 움직여야하는 것이다. 창조성 전문가 에드워드 드 보노 (Edward de Bono)도 역시 감정교환은 감성에서 시작된다고 했다. 대화의 교감을 통해 만들어내는 감정교환이 무한한 상상력을 통한 가능성으로 창조적 발전과 진보한 결론을 만들어 나간다. 다시 말해서 생각의 지식보다는 마음의 지혜가 좋은 결과를 만들어낸다는 것으로 여성의 타고난 장점 중에 하나이다.

"여성은 배려라는 말로 아이의 친구와 희망, 꿈, 남녀 문제,

마음 속 두려움, 생각, 감정을 알고 있다. 남성은 그저 다른 사람이 집안에 있다는 사실만 어렴풋이 인식한다."

감성은 이러한 관계성과 마음의 지혜 외에도 디자인이란 엄청난 산업분야의 성패를 가름하는 잣대가 된다. 디자인은 감성과 열정으로 사물에 혼을 불어넣는 작업이며 완전히 '끝내주는' 상품을 만드는 일이다. 어떤 상품이던지 감성과 실용성이 없는 디자인은 살아남을 수 없다. 때문에 디자이너(designer)는 CEO의 가장 상석에 앉혀야 할 CEO의 오른팔이다. 여성의 영역인 감성을 이해해야만 새로운 비즈니스 세상에서 성공할 수 있다.

미국에는 약 1만 2천 명의 여성 최고경영자(CEO)가 있다. 그들의 회사가 미국 전체 기업 수의 4분의 1을 차지하고 있으며 이들의 매출액은 독일의 국내총생산(GDP)보다도 많다고 한다. 영국의 경제주간지 이코노미스트에서는 '중국, 인도, 인터넷을 잊어라. 경제성장은 여성이 이끌고 간다.' 는 제목의 기사를 실을 정도로 여성들이 경제활동에 참여하는 비중은 점차 커졌으며 경제주체로서 중요한 위치를 차지하고 있다.

여성의 슈퍼감성영역이 움직인 최고의 결과로는 '해리포터'의 저자 "조앤 롤링"이다. 그녀는 10년 동안 300조 원의 부가가치를 창출했는데 이는 10년 동안 국내 반도체 수출총액인 230조 원 보다 훨씬 많은 금액이다. 영국정부는 문화부 조직에

"조앤 롤링"전담부서까지 두고 적극적으로 육성하고 있다. 여성의 슈퍼 감성영역이 깨어난다면 엄청난 결과를 만들 것이다.

미소와 감성터치로 서비스를 사로잡다

114 안내원이 남성의 묵직한 음성으로 "고객님 안녕하십니까, 사랑합니다." 한다고 생각하면 어색하고 왠지 부자연스럽다.

관계성에서 남성이 여성보다 뒤처지기 때문이다. 여성은 부드러운 감성과 미소로 소비자와의 관계성을 가진다. 소비자(Consumer)와 관계성이 없다면 서비스영역은 존재가치가 없다.

여성의 미소는 서비스의 가치를 만들고 부가가치를 창출한다. 서비스 영역이 확대될수록 여성들의 사회진출 영역도 더욱 확대되고 질적으로도 향상될 것이다. 최근 대부분의 기업들은 제품안내 서비스, A/S등 서비스 부분에 많은 노력을 하고 있는데 이는 고정고객확보와 기업 이미지 재고를 위한 노력인 것이다. 한발 더 나가서 서비스 스토리텔링은 미래사회로 가는 부가가치의 핵심이다. 스토리텔링을 가미한 서비스는 결속력과 전염성을 가지고 있기 때문에 기업이 가지려는 최고의 핵심가치를 가져갈 수 있다. 롤프 얀센의 드림 소사이어티에서 말한 바와 같이 미래사회가 문화, 창조, 상상력으로 간다고 할 때 서비스 영역도 스토리텔링으로 간다면 이 분야 역시도 여성들이 큰 부가가치가 있다고 보아야 할 것이다.

국내 모 은행이 조사한 결과에 따르면 30~50대 연령의 고객들 중에서 은행지점을 방문하는 여성 고객의 비중이 80%나 될 정도로 압도적으로 높았다. 이러한 사실은 '은행계좌 선택에 있어서 89%를 여성이 행사한다.'라고 했던 미국의 경영컨설턴트 톰 피터스(Tom Peters)의 주장을 뒷받침해주고 있다. 이처럼 국내에서도 상당수 여성들이 가정 경제의 주도권을 쥐고 있으며 가정의 투자 및 소비에 대한 주요 결정권을 행사하고 있다. 이처럼 여성들의 경제적 위상은 높아지고 있는 데 반해 그동안 국내 금융 산업에서 여성들의 금융 니즈(Needs)를 충족시키기 위한 마케팅 노력은 미흡했다. 따라서 앞으로는 여성을 금융 소비주체로 이해하고 그와 관련된 상품과 서비스를 제공하되 더 섬세하고 감성적인 마케팅활동을 결합할 필요가 있다. 이러한 변화를 새로운 비즈니스의 기회로 가장 먼저 활용하고 있는 곳이 바로 증권업계다. 전문성과 수학(산출/계산)적 마케팅을 펴야하는 금융권도 감성 마케팅을 펼치고 있으니 다른 영역은 말할 것도 없다.

미(美)를 아는 자, 세상을 지배하리라.

 남성의 시각적 관점은 반응의 속도에서 있는 그대로의 현상을, 여성의 시각적 관점은 디자인, 디스플레이(display)를 보는 미(美)적인 영역과 스토리적인 영역으로 대변한다. 이렇게 여성과 남성은 시각적 관점과 반응의 차이를 보인다. 남성이 여성에 비해 빠르고 넓은 시야를 가졌지만, 여성은 스토리를 보며 생활의 미적 감각 능력이 남성보다 우수하다.

 또 남성은 '개인적 시각'을 가지고(최소 단위 '나') 자신을 위해서 시각적 효과를 노리지만, 여성은 '그룹 시각'을 갖고(최소 단위 '우리')타인을 위한 시각적 효과를 노린다. 그래서 남성은 자신이 보기에 좋으면 그만, 여성은 남들의 시선을 의식하는 것이다.

 남성보다 우월한 미적 감각과 타인을 고려하는 시각적 효과를 이용해 21C 최고 3D업종(Design, Digital, DRAM)에서도 여성들의 활약이 기대된다. 모든 산업, 제품에 디자인은 생명력을 불어 넣고 있다. 글로벌 브랜드로 자리 잡은 '삼성' 또한 최근 광고를 통해 자동차, 디지털 가전기업이 아닌 디자인을 파는 기업이라는 느낌과 연상을 갖게 한다.

 우리가 '미'에 관해 이야기하고 열광하는 순간, '미'는 일상의 일부가 된다. 이렇게 일상의 일부를 광고 마케팅에 적극 활용하고 있다. 예를 들어, '세련됐다! 아름답다! 우아하다! 명료하다! 정말 간단하다!' 등의 어휘를 사용한 광고디자인에 나타난 비주얼스캔(visual scan)은 10대~20대 여성의 패션. 의류, 휴대폰, 자동차의 TV광고 등을 중심으로 보편화되어 있다. 단순히 여성들의 비주얼은 그들 뿐 아니라 모든 영역들과 세대의 관심 대상이 되었다. 비주얼이 성역할 이미지와 남성들의 시각이 고정된 관념에 대안광고와 TV광고의 지향방향을 제시하고 있는 것이다.

화장품, 샴푸 광고에는 의례적으로 아름다운 외모의 여성 모델이 등장해, 모델이 상품의 비주얼자체가 된다. 아름다운 여성이 곧 아름다운 제품으로 이어지는 방식이다. 화려한 기법보다는 단순하고도 간결한 비주얼로 접근한다.

소비자들이 뽑은 휴대폰 우수 브랜드의 인기요인은 디자인과 멀티미디어 기능에 집중한 모델로 디자인에서 비주얼은 모든 사업 영역으로 확대되고 중요하게 각인되고 있다. 대부분 인기요인은 여성 니즈(Needs) 반영, 적절한 모델선택을 통한 광고효과와 소비자의 구매 패턴이 가격보다는 기능과 디자인을 중시하는 측면으로 변화하고 있다.

예쁘고 귀여운 여성이 선호되고 있는 요즘, 세련되고 솔직하고 당당한 여성의 모습이 더 중요하다는 점을 강조하며, 경쾌하고 재미있는 여성패션 광고도 비주얼적이고 여타 제품의 TV

광고도 마찬가지다. 여성의 비주얼, 디자인, 디스플레이, 심플함이 제품의 비주얼을 만들고 시대를 반영한다.

친화력, 네트워크 형성 파워

 남성이 권위적이고 가족으로부터 벗어나고 싶어하는 반면 여성은 관계를 맺고 싶어 한다. 여기서 남성은 자기 중심적이며 여성은 타인 중심적이라는 것이 극명하게 나타난다. 이에 여성은 가족구성원 안에서 수평적인 관계형성으로 모든 식구들과 거리감없이 지내며 사랑과 의존의 대상이 된다.

 갈수록 '관계' 형성이 중요해지는 현대 사회에서 수평적 네트워크를 지향하는 여성의 파워는 커지고 있다.

 수직관계속의 통제성을 중요시하는 남성은,

 '군대 어디 갔다 왔느냐?'

 '언제 갔다 왔느냐?'

 '나이가 어떻게 되느냐?'

 '고향이 어디냐?'

 '학교는 어디 나왔느냐?

 묻고 이에 따라서 바로 수직관계 속에 대부분 형, 동생이 된다. 역사적 관점에서도 남성의 수직 관계형성은 사회 모든 분야에서 뚜렷하다. 풍수 지리적 측면, 주택문화에서 공간의 의미는 계층을 나눈다. 조선의 상류주택은 내외사상으로 여자들이 사용하는 '안' 공간과 남자들이 사용하는 '밖'의 공간으로 구분이 되어 진다. 그 외에도 전통주택은 상하 신분제도의 영향으로 신분의 높고 낮음에 따라 공간을 다르게 배치하였는데 상(上)의 공간인 안채와 사랑채는 양반들이, 하(下) 공간인 행랑채는 대문간에서 가장 가까운 곳에 위치하여 머슴들이 기거했다. 중문간 행랑채는 중(中)의 공간으로 중간계층인 집사, 청지기가 거처했다. 이들 공간들은 커다란 한 울타리 안에 작은 담장을 세우거나 채를 분리하여 구획하였다. 이렇게 주택에서도 신분과 남녀, 장유별로 공간을 분리해 수직적 남성중심 사회였음을 알 수 있다. 이런 문화에 길들여져 오늘날까지 전승되었던 남성들의 'DNA 내적 유전자'의 본성인 것이다.

　다문화 사회, 다문화 가정이 보편화되고 있는 현대사회를 인정하고 받아들이려면 수직적 관계 구도는 버려야 한다. 각 세대의 문화와 사회성이 다르고 사회 이념이 최근에는 짧게 3년, 길게 5년 단위로 많은 차이를 느끼는 실정이다. 이를 어떻게 극복할 것인가. 가족사회뿐 아니라 사회 속에서도 기업의 문화에서조차 서로의 문화와 사고관이 틀린 것이 현실이다.

　여성들이 가지고 있는 특유의 친화력, 수평적 관계 구도에 그 해답이 있다. 'Judy B. Rosener는 여성들이 일꾼들의 서열을 매기기보다 그들을 서로 열거한다고 했다. 이로써 생산적 협력(팀워크)관계를 유지하는 것으로 보는 것이다. 현대사회와 미래사회의 공동체 유지를 위해서는 여성들의 친화력을 바탕으로 한 수평적 관계가 대안이다.

수다도 능력이다?!

여자가 말이 많아 문제가 되던 시대는 끝났다. 이제 말을 많이 하고 잘해야 하는 '화술이 경쟁력'이 된 시대이다. 남성은 자기 중심적인데 반하여 여성은 타인 중심적이라서 대화가 자연스럽게 이루어진다. 때문에 타인 중심적인 여성들끼리는 타인의 말을 잘 들어주고 서로 대화가 잘 통한다.

여성 패션은 커뮤니케이션으로 이해해서 타인의 의사를 존중해 관계 형성하는데 중점을 둔다.

"남성과 여성은 커뮤니케이션 방식이 다르며 구매 이유도 다르다. 남성은 단순히 거래가 성사되기를 바라지만 여성은 관계에 관심이 있다."

물건을 파는 상인과 대화를 통해 관계형성이 안되면 구매가 이루어지지 않는다.

"여성은 관계와 교제의 언어로 말하고 들으며, 상호작용을 유도해 말과 느낌으로 감정을 교환한다."

미국의 경쟁력에 Judy B. Rosener는 '대화를 통해 협력하는 리더십 스타일을 선호한다'고 했는데 현대사회에서 리더는 대화기법이 뛰어난 사람인데 여성이 이에 가깝다.

이러한 여성의 소통능력을 기업들이 적극 활용하기도 한다. 소비자체험 집단, 또는 구전(word of mouth)집단을 활용하는 것이다. 제품이 여중생에서 여대생까지의 신세대 여성을 타깃으로 할 때 여고생을 판촉요원으로 이용하는 경우가 흔하다. 강한 소문 전파력을 가진 여고생의 입을 빌리자는 마케팅전략이다. 인터넷이 발달한 요즘 여고생은 어떤 사회현상이나 소비형태의 기폭제로 작용하는 경우가 많다. 소비계층 중 호기심이 가장 왕성할 뿐더러 이를 주위에 전파하기를 즐겨하기 때문이다. 일본 도쿄시내에 있는 틴즈 네트워크십(teens network ship)회사. 이 회사의 주 업무가 바로 '소문 퍼트리기'다. 도쿄 인근과 지방에 있는 3백 개 학교에 2천 명 정도의 여고생을 회원으로 확보하고 있는 이 회사는 판촉 의뢰를 받은 회사의 신제품이 나오기 며칠 전에 2천 명의 학생멤버들에게 신제품을 수십 개씩 배달한다. 그리고는 친구들에게 나눠주라고 지시한다. 신제품을 나눠주는 학생들은 남들이 모르는 사실(신제품이

나왔다는 것)을 가르쳐 준다는 묘한 우월감 자부심으로 이 일을 즐겁게 한다. 물론 적지만 아르바이트 비용도 받는다. 만약 한 학교의 학생 수가 1천명이라면, 그녀들의 가족과 친구 주변 사람들에게 전파하게 되어 순식간에 수십만 명에게 소문이 나는 셈이다. 그 결과 방송과 신문 등에서 새로운 유행의 등장으로 보도하기 시작한다. 여성들의 수다는 소통능력으로 인정받는 여성들의 마케팅의 한 수단이기도 하다.

멀티플레이로 살아남다

전통사회에서 여성은 가정 안에서만 생활했다. 가부장적 사회 관점에서 '여성과 쪽박은 밖으로 내돌리면 깨진다' 라는 남성들의 고정관념에 사회 진출이란 상상도 할 수 없는 일이었다. 여성이 밖으로 나가면 남성들보다 더 잘나가니까(쪽박이 아닌 대박) 그런 것은 아닐까. 옛날에는 부족 간의 싸움에서 여성은 전리품이었으므로 밖으로 자유롭게 활동할 수 없었다. 그렇지만 현대사회의 많은 여성은 다양한 사회분야에서 일하고 있고 남성보다 뛰어난 분야들과 성과로 이를 비웃는듯하다.

현대사회에서 여성은 사적 영역의 역할과 공적 영역의 역할로 크게 구분하여 나눌 수 있다. 여성의 사회진출은 또 하나의 역할 수행을 하도록 만든다.

　어머니는 어머니임과 동시에 아버지의 아내이고, 여자이며, 친할머니의 며느리고, 외할머니의 딸이란 각각의 다른 이름과 가정에서 불러지는 이름만큼이나 역할도 다르다. 거기다 직장에서의 역할과 네임도 있다. 이렇게 다양한 이름으로 불러지는 그녀들은 보통 1인 3역, 4역은 기본이다. 이렇게 다양성을 가진 네임의 영역과 가정에서의 위치는 일의 다양성을 확보하고 생산성의 향상을 불러오는 결과로 반영된다.

　남성은 하나의 업무에 집중하다보면 다른 일을 할 수 없거나 어설프게 하는데 반하여, 여성은 다양한 업무를 동시에 실행 할 수 있는 능력을 소유하고 있다. 전화를 받으면서 밥을 하고 TV까지 본다. 또 회사에서는 전화 받으면서 서류작성을 하고 커피까지 마시는 이런 다중 행동은 여성들에게서는 일상적이다.

　이러한 여성들의 능력은 기업이 사업이란 영역에서 '일' 이란 노동력 제공을 놓고 보면 한정된 공간에서 시간을 증대시키는 효과를 거둔다. 1인 2역, 3역, 4역의 여성이 가진 업무상 경쟁력과 효율성은 여성채용에 충분한 사유가 될 것이다. 만약 당신이 기업의 CEO라면 누굴 채용하겠는가?

　여성의 사회적 참여를 위해 다양한 지위와 역할을 수행할 수 있는 여성정책, 가족정책이 뒷받침되어야 한다.

미래는 문화콘텐츠 사업의 영역이 큰 비중을 차지할 것인데 이를 성장 발전시키려면 문화의 다양성확보가 우선시됨에 따라 여성과 최대한 가까워져야한다. 여성문화의 다양성은 종교에서 출발한다. 역사적, 사회적 모든 문명과 문화 또한 종교에서 출발한다고 봐도 무방하다. 여성이 남성들보다 종교생활을 많이 한다. 각자가 믿는 종교를 바탕으로 다양한 형태의 종교생활을 가지고 다양한 시각과 언어를 가진다. 그리고 감성과 오감, 더불어 예감을 더한 감각적 문화로 발전시켜 문화발전 측면에서도 다양성을 확보해 발전시켰다. 그런 측면에서 현대 경제사회는 문화사업 이라는 최대 '이슈' 관점으로 볼 때 우리 생활 모든 영역에서 그녀들의 다양성이 꼭 필요하다.

CHPTER-03

여성,
세상을 구매하다

여성, 세상을 소비하다

　다이아몬드, 금(金)반지 보석류는 보통 남성이 결혼 선물로 여성의 왼손에 끼워주지만 최근에는 자신이 구입한 반지를 손에 끼는 여성이 늘고 있다. 다이아몬드 기업으로 유명한 '드비어스'의 최근 수년간 매출 가운데 이처럼 오른손에 끼는 반지 매출이 90% 이상을 차지하고 있다. 자신을 소중히 여기는 여성 싱글족, 개인주의와 결혼 정년기가 늦춰지면서 단독 세대구성이 주요한 것이다.

　금·은 보석만이 아니다. 남성 전유물로 여겨지던 가정용 공구 구매자 중 80%가 여성이라는 미국 내 조사 결과도 있다. 자동차, 보험, 호화 여행상품까지 거의 모든 구매가 여성에 의해 결정되는 것은 이제 국내를 비롯하여 전 세계적인 추세다.

　저성장 사이클의 국제 사회적 경계는 에디슨의 증기 기관차의 발명과 산업혁명과 같은 전환점에 서있다. 이러한 환경 속에서 미국 경영학자 '톰 피터스(Tom Peters)'는 세계경제가 성장을 지속하려면 3W에 주목해야 한다고 역설한 바 있다. 3W는 세계화(World) 월드와이드웹(Web) 여성(Women)을 뜻한다.

그의 말처럼 여성들이 득세하는 세상이다. 톰 피터스(Tom Peters)는 부의 창출이 3W(Web, World, Woman)로부터 이뤄질 거라고 봤고, 미국의 미래학자 존 나이스비트(John Naisbitt)는 21세기는 3F(감성-Feeling, 상상력의 창조성-Fiction, 여성-Female)의 시대라고 봤다.

여성의 구매력은 점점 높아만 간다. 20~30대에선 여성 싱글족(W. Singles)이 남성 싱글족(M. Singles)을 소비규모에서 앞서고 있다. 소비 트렌드(TREND)역시 여성이 주도한다. 40~50대에선 여성이 가계소비에 대한 의사결정권을 장악하고 있다. 60대 이상에서도 여성이 더욱 적극적인 소비행태를 보이고 있다. 평균연령도 여성이 높아 Life Time Value 관점에서도 여성이 남성을 앞설 수밖에 없다.

미국의 경우 여성이 구매에서 차지하는 비중이 다음과 같이 나타났다.

- 모든 소비품 구매 : 83%
- 가구 : 94%
- 휴가 상품 : 92%
- 새집 : 91%

- 가정용 DIY 용품 : 80%
- 가전제품 : 51%
- 자동차 : 60% (여성은 나머지 중 30%의 구매에도 막강한 영향력을 미친다)
- 은행 계좌 개설 : 89%
- 의료 서비스 : 80%

가까운 예로 모든 부부들, 연인들은 구매할 때 돈은 남성이 내더라도 상의는 여성에게 하며 최종 구매 결정을 여성이 갖고 있는 현실이다. 하지만 미국소비자(U.S.A Consumer)리포트를 포함해 어떤 기관도 여성 고객의 감성과 만족도를 측정해 계량화한 지수를 개발한 적이 없었다. 매일경제는 연세대와 공동으로 산학연공동연구로 여성고객감성만족지수(FEMI·Female Emotions & Marketing Index)를 개발했다. FEMI는 여성 소비자의 상품·서비스에 대한 소비 감성과 마케팅 만족도를 최초로 수치화했는데 그만큼 여성을 아는 것이 기업의 성패를 좌우하는 중요한 부분이라 생각했기 때문이다.

5개 아이템(item)을 대상으로 FEMI를 측정한 결과 현대백화점, SM5, 지펠냉장고, 설화수, 네이버 등이 분야별로 가장 높은 점수를 받았다. 이 결과에서 알 수 있듯이 이제 여성을 중심으로 모든 영역에서 소비가 이뤄지고 있다. 미래사회의 시장 경제원리는 여성이 만들어간다고 할 수 있다.

Key는 그녀들에게 있다 —상품과 유통—

"여성이 원하는 것, 만약 그걸 안다면 세상은 당신 것이다." 라는 어느 영화의 대사처럼 여성들의 감성과 니즈를 읽을 때 비로소 제조업, 유통업, 서비스 산업의 새로운 금광의 맥을 발견할 수 있다.

고대 중국 저주의 말 중에 '재미있는 시대에 살아라.' 라는 말이 있다. 이것은 가벼운 웃음과 품위 없는 행위를 하는 것을 의미하기도 하지만 필요이상으로 격식을 엄격히 차리며 변화를 두려워했던 시대를 반영한다. '사람이 갑자기 변화하면 죽는다' 는 말은 변화를 두려워했음을 보여준다. 갑작스러운 변화에 모든 사람들이 때때로 어리둥절하고 당황스럽지 않은가? 그런데 미 생보사마케팅협회(USAA Life)의 'Ken McClure'는 중국의 저주(Curse)섞인 말을 인용해 오히려 '재발 항상 재미있는 시대에 살아라.' 라고 소개한바 있다. 변화는 항상 우리에게 긴장(tension)을 유발한다는 의미에서 살아있는 영업을 할 수 있도록 정신 바짝차리게하는 마케팅촉진제 역할을 한다. 또한 변화 속에서 새로운 방법과 아이템(item)을 끌어낼 수 있기 때문이다.

대부분의 기업은 상품 개발에서 광고 마케팅에 이르기까지 포커스는 여성의 비주얼(visual)과 실용성, 감성 영역을 염두

하고 개발 전략을 마련한다.

유통의 흐름에도 돈과 재화의 이동경로는 여성들이 많이 움직이는 경로에 따라 위치하게 된다.

여성의 주거환경도 상품의 개발과 유통의 영역에 막대한 영향을 미친다. 주거 환경적으로 볼 때 비주얼(visual)적인 측면과, 실용성, 감성적 측면에 부합되게 조성된다. 이는 여성의 주거환경이 소비 형태에 막강한 영향을 미치기 때문이다.

유통은 돈의 흐름이라고 할 수 있다. 여성을 훌쩍 뛰어넘은 줌마렐라들은 남편의 월급에 의존하기보다는 주도적으로 재테크에 나서고 있는 것으로 나타났다.

중년층 여성들은 신중한 소비를 하면서 자신의 삶을 가꾸는 데 관심이 크다. 풍부한 인생경험과 경륜, 경제력이 국가에 국민의 목소리로 반영되고 점진적으로 영향력이 생겼다. 그러자 모든 여성의 목소리도 함께 커졌고 남녀평등의 페미니즘의 결과로 평등을 넘어 여성상위시대로 가고 있는 것이다. 여성과 노인 세대는 발견되길 기다리는 금광이다. 세상의 돈이 모이는 곳이며 가장 큰 트렌드이다. 여성의 수입과 구매결정력이 무섭게 늘어나고 있는 현대사회에서 여성의 니즈는 기업의 니즈이다. 그 결과 모든 상품은 모든 연령의 여성에게 어필하는 모델로 빠르게 변화되고 있다. 곧 여성의 구매력이 상품과 유통에 시작과 끝이다.

그녀는 인터넷 접속중

2007년 만3세 이상 인구의 인터넷 이용률이 3,559만 명으로 75.5%에 이르는 것으로 조사됐다. 인터넷 쇼핑 이용률은 2006년 대비 4.6%p 증가한 57.3%로 여성(64.4%) 및 20대(82.2%)의 이용이 상대적으로 많은 것으로 조사됐다. 인터넷 이용자의 40.4%가 본인 블로그를 운영하고 있으며 여성(42.7%)의 운영률이 남성(38.5%)보다 높고, 연령별로는 20대가 69.8%, 6~19세 45.8%, 30대 39.1% 등의 순으로 나타났다.

박승규 한국인터넷진흥원 원장은 '인터넷 접속의 관문이었던 포털사이트가 인터넷 뉴스기사와 유통의 중심 역할을 하게 되는 등 인터넷의 미디어적 기능이 강화되고 있다'며 '이러한 추세는 방송·통신 융합시대를 맞이해 더욱 가속화될 것으로 예상된다'고 말했다.

그의 말처럼 2000년대부터 2009년 현재까지 인터넷 이용률은 단 한 번도 떨어지지 않았고 50대와 60대의 이용률도 꾸준히 올라 중장년층의 인터넷 참여도 괄목 대상이다.

특히 여성이 인터넷 국내 활성화에 힘이 컸다. 1999년 가을, 한국 인터넷 시장에는 여성 포털 바람이 매섭게 일었었다. 지금까지도 지속되고 있다. 논리는 간단하다. 실제 소비자(Consumer)는 여자이기 때문이다. 남자가 한 번에 5만 원 이상 지불하는 것은 술값, 자동차연료비 외에는 아무 것도 없다고 한다. 그런데 여자는 다르다는 것이다.

　인터넷에서 여성의 비율은 급속히 늘어 1999년 초, 8대 2에서 1999년 말에는 6대 4까지 추격해 온 것으로 나타난다. 결국 소비의 주도권을 쥐고 있는 여성들이 인터넷으로 몰려오고 있으니, 이들을 대상으로 한 사이트를 오픈하면 당연히 잘되지 않겠느냐는 논리다. 이러한 현상은 외국도 마찬가지이다. 미국 최대의 인터넷 서비스업체인 AOL은 1999년 여성고객이 52%를 차지해 처음으로 남성고객을 추월했다고 밝혔다. 이에 따라 그동안 남성위주로 짰던 사업전략을 2000년에는 여성중심으로 전면 수정키로 했다. IBM은 e비즈니스관련 보고서에서 여성기업인의 23%가 인터넷에 자신의 홈페이지(블로그/카페도 비슷한 수치)를 갖고 있는데 비해 남성기업인은 16%에 불과하다고 발표했다. 이 보고서는 전자상거래가 확대될수록 인터넷으로 상품을 구매하는 여성이 늘어나 앞으로 여성소비자(W. Consumer)가 인터넷 광고나 마케팅전략을 결정짓는 핵심세력이 될 것으로 분석하고 있다.

　이러니 여성의 역할이 기대되고 남성이 안일하게 대처한다면 그녀들이 경제 축이 될 가능성이 높다.

　네티즌들이 가장 선호하는 전자상거래 품목은 남성은 전자

제품, 여성은 서적인 것으로 나타났다.

또한, 네티즌 10명중 3명 이상이 전자상거래를 통해 전자제품의 구매의사가 있는 것으로 나타났으며 20대 여성의 25%가 화장품을 전자상거래를 통해 구매했거나 의사가 있는 것으로 나타났다.

전 세계 240개국 대상 유무선 인터넷폰 와우콜 서비스 업체 ㈜웹투폰(www.wowcall.com, 대표 곽봉열, 김수상)이 지난 4월 15일부터 약 100일간 20만 2천 275명을 대상으로 '전자상거래를 이용해 구매한 경험이 있거나 구매하고 싶은 상품은 무엇입니까?' 라는 설문조사를 실시한 결과, 네티즌들이 가장 선호하는 상품은 전자제품-서적-화장품-여행상품 순인 것으로 나타났다.

이번 설문조사에서 전체응답자의 32%(6만 5천 469명)가 컴퓨터를 포함한 전자 제품을 구매했거나 구매하고 싶다고 응답했으며 서적(25%-5만 2천 114명), 화장품(11%-2만 2천 809명), 여행상품(8%-1만 7천 148명) 등이 인기 있는 전자상거래 품목으로 나타났다.

이번 설문조사에서 나타난 특징은 성별과 연령별에 따라 선호하는 제품이 다르다는 점이다.

남성의 경우 40%에 해당하는 4만 6천 983명이 전자제품을 가장 선호했으나 여성은 28%에 해당하는 8만 1천 655명이 서적을 가장 많이 꼽아 차이를 보였다.

20대 여성의 경우, 총 응답자 4만 9천 99명 중 29%(1만 4천 293명)가 서적을, 그에 이어 25%(1만 2천 275명)가 화장품을 응답해 20대 여성의 소비 성향을 보여준다.

여성이 통합한다

여성들의 유통시장은 크게 온라인과 오프라인으로 구별된다. 오프라인은(CRM고객관계관리) 1995년 이후 사람 중심의 조직관리가 중요시되면서 방판시장이 다시 떠올랐다.

교육, 신유통체제, 홍보, 마케팅은 여성들의 독립사업(IBO)이 되었다. 물론 소수의 남성들도 있다.

직급체계가 있는 태평양, 아모레퍼시픽, 풀무원, 앤알커뮤니케이션, 뉴스킨, AMWAY, Mannatech '방판, 직판은 고객의 미와 건강을 위해 토털케어, 토털헬스, 토털정보서비스를 제공하는 글로벌 기업'으로 화장품, 식품, 건강기능식품, 정보통신의 유통시장과 직업 사회의 새로운 '패러다임(paradigm)'이 된지 오래다.

국내 화장품 시장에서 방문판매 매출은 1조 5,600억 원대로 전체의 화장품 매출의 27%에 이른다. 아모레퍼시픽 제품만을 갖고 3만 2,000여 명이 일하고 있다. 모두 여성으로 다양한 연령대로 절반가량은 40대이나, 20~30대 여성들도 30%정도를 차지하고 있다.

지난해 1조 2,090억 원 매출을 올려 아모레퍼시픽은 전체 화장품 판매액의 36.8%를 방판에서 차지했고 LG생활건강은 화장품전체 매출의 33.5%를 방문판매로 한국화장품은 전체 화장품매출의 69.4%를 방문판매로 이들 여성이 만들어내고 있는 것으로 나타났으며 화장품 방문판매업의 여성 고용 인력은 10여만 명이다.

기존의 판매원들이 가정이나 직장을 찾아다니면서 제품을 판매하던 방문판매와는 달리 직판체제는 뷰티센터 같은 일정한 사업장을 마련하여 소비자들을 모아놓고 상담 및 마사지 등의 서비스를 제공했다. 제품을 판매하는 형식으로 이는 IMF체제 이후 특별한 기술 없이도 시작할 수 있는 판매원직의 급격한 증가에 영향을 받고 있다. 직판체제의 특성상 판매원 수의 증가가 곧 매출증대로 이어지기 때문에 경기위축에 따른 구매력의 감소를 대폭 확대된 조직 및 인원이 보충하고 나아가 매출확대에 기여하고 있다.

화장품 및 건강 기능식품 업체 등의 판매원 'PDA' 사용은 맞춤형 '카운슬러(counselor)'로 과학적 영업 고객관리와 '영업 효율성 극대화로 예전 '아줌마'가 고객들도 부러워하는 커리어우먼으로 이미지가 바뀌었다.

세계 1위 화장품 방문판매 118년 역사의 '에이본(AVON)' 중국계 美이민 2세 여성 CEO 안드레아 정 회장은 과감한 공격경영(네트워크마케팅NetWorkMarketing)으로 퇴락한 공룡기업을 초일류로 만드는데 딱 5년 걸렸다. 방문판매를 골격으로 회사의 관료주의적 사고관을 없애고 경청과 인간중심의 인간관계무한연쇄판매란 공격적 마케팅과 미래를 보는 넓은 시야와 포기하지 않는 뚝심이 성장 배경인 것이다.

그가 CEO에 취임할 당시 에이본은 연매출액 50억 달러에 340만 명의 판매사원을 거느린 공룡 기업이었지만, 낡고 퇴락한 이미지 때문에 '할머니나 어머니가 쓰는 저가 화장품 회사'로 인식되고 있었다. 매출은 줄고 주가는 바닥을 맴돌았다.

아시아 금융위기와 사스 파동으로 미국 기업들이 아시아에서 주춤할 때, 정 회장은 "여자가 경제적으로 독립하는 것은 전 세계적 트렌드(trend)이며 아시아나 남미도 예외가 아니라며, 오히려 한국 · 중국 · 베트남 · 남미 등에 과감한 투자를 결정한 바 있다.

그 결과 '에이본'은 지금 전 세계 143개국에 영업 인력 500

만 명, 매출액 80억 달러(한화 약 9조 6,000억 원)짜리 회사로 성장했다. 중국시장에서도 매년 30% 이상 성장하고 있고, 러시아에선 지난해 2억 달러에서 올해 4억 달러로 매출이 급신장했다. 주가는 그가 CEO에 취임했을 때보다 거의 500% 가까이 올랐다.

'에이본'은 인간관계를 중요시한다. 그래서 누구와도 얘기할 수 있기에 많은 의견 수렴이 뒷받침된 것이 사업 성공의 요인 중의 하나이다. 그는 시장조사를 하다가 '웰빙'(wellbeing)이란 '콘셉'이 유행하는 것을 일찍 발견하고 주도적으로 밀고 나갔다.

그는 CEO로서 가장 어려웠던 시기는 9·11 테러 때였다. 뉴욕 맨해튼 한복판에 있는 사무실에서 밤새 직원들의 안전을 챙기느라 집에도 못 들어갔다. '사스가 터졌을 때 직원들의 안전부터 챙겼다.'면서 '사업보다 사람부터 챙겨야 한다.'고 말한다. 이렇게 인간관계를 중요시하며 사람중심의 오너의 사업철학이 성장 동력의 한축이다. 네트워크마케팅 NetWork-Marketing(이하 NWM)이 인간관계 사업이기 때문이다. '에이본'을 통한 이런 인간관계중심의 무한 연쇄 판매는 기업(제조)과 기업(유통)의 유통에서 추천을 통한 멤버쉽유통(B : 기업 C : 소비자/B2B, B2C)이다. 인간관계를 통해 이동하면서 그

경계가 애매모호해져 통합되고 있으며 그 중심에서 여성이 움직이는 듯하다.

아름다움을 응원한다

에니드 스타키는 플로베르 전기에서 '그녀의 아름다움에 항거할 수 있는 사람은 극소수였다.' 라고 했다.

직장 여성의 성공은 전략적 외모 만들기에서 시작된다. 최근 뉴스에 입사 시험을 준비하는 취업 준비 여성들이 성형외과에서 성형을 하고 취업 준비 코디를 통해 외적자세와 태도를 상담하는 모습은 그리 낯설지 않다.

여성사회 그녀들만의 세상에서는 어떨지 모르나 남성과 함께 공존하는 사회에서는 분명히 아름다움은 비교 평가할 수 없는 장점이다. 아름다움이란 경쟁력과 전문성을 겸비했다면 이는 막강한 권력이다. 외모는 타고나는 것이라 아무리 노력하고 돈을 들여도 한계가 있기 마련이고, 말과 지식은 노력으로 만들어갈 수 있는 부분이다. 외모에 대한 최선과 지적경쟁력, 효과적인 언어구사의 매력 발산은 단순한 외적 아름다움을 능가한다.

비즈니스 환경에서 말하는 아름다움은 남녀와 연령을 불문하고 사람을 매료시키는 힘을 가진 여성이라면 그 아름다움에 비즈니스는 꼭 성공할 수 있을 것이다.

비즈니스 환경은 여성들에게 외적으로 내적으로 자세와 태도, 지식적인 모든 면에서 더욱 진화될 것을 요구하고 있다.

"열심히 일을 하면 할수록 점점 여성스러움을 잃어가는 것 같다."라는 말에 동의할 수 없다. 오히려 전력을 다해 일을 할수록 여성은 더욱 아름다워져야 한다.

자신의 전문성과 열정을 클라이언트가 보게 하려면 여성의 비주얼(visual)적인 측면, 부드러우면서 강한 직업관, 고급스럽고 상황 적절한 언어구사와 여성특유의 감성은 저항할 수 없는 선택(choice)을 하게 만든다.

업무를 하는 데에는 여러가지 스타일이 있다. 일을 할수록 짜증스럽고 심신이 지쳐가는 스타일이 있는가 하면, 늘 자신을 동기부여하면서 자신의 매력을 더욱 증가시켜 아름다움을 더하는 업무 스타일이 있다. 여성의 성공 방법을 역으로 생각해 보면, 잘못된 부분을 바로잡는 것이다.

사회활동에서나 직장생활에서 여성의 성공을 가로막는 요소라고 지목되는 몇 가지 나쁜 습관들이 있다.

첫째, 여성의 상습적인 지각이다. 이는 자신을 관리할 수 없는 여성이란 인상으로 지각은 '나는 게으른 사람'이라고 광고

하는 것과 같다.

둘째, 방어적인 자세다. 이는 함께 생활하는 직장 동료와의 관계를 불편하게 만든다.

셋째, 늑장부리기다. 이는 의외로 게으르며 준비성이 없다는 인상을 준다. 나 자신이 혹 실수와 실패를 두려워하는 완벽주의자는 아닌가? 돌아보아야 할 것 같다. 완벽을 기하는 것은 좋지만 적당히 하는 것도 예의를 벗어나지 않는 필요한 부분이다.

넷째, 제안서, 품의서, 서류보고서 각종 서류 등에서 이름, 전화번호, 부서 따위를 빼먹는 행위로 주위 동료 상사로부터 믿음이 안가! 늘 불안한 느낌과 주의력이 없고 믿을 수 없는 사람이란 평을 듣게 된다.

다섯째, 껌이나 무엇인가를 씹으며 전화 받는 행위 예의 없고 무례한 행위로 불친절한 행동이다

여섯째, 태도불량이다. 다리를 떨고 머리를 자주만지며 넘기는 행위나 목걸이를 만지작거리는 등의 쓸 때 없는 행동이나 신경질적인 행동 등은 경솔하고 경망스러워 보인다.

일곱째, 무조건 밀어붙이기식으로 쓸모없고 필요 이상의 아양이나 생떼쓰기 부탁이나 결과는 전문성이 없는 사람으로, 상대하기 싫은 사람으로 전락한다.

위에서 열거한 성공을 가로막는 7가지 자세와 태도 외에도 자신의 당당하고 아름다움을 스스로 포기하고 정당화시키는

내적, 외적 자세를 취하지 말아야한다.

  젊은 여성은 타고난 아름다움으로 승부한다. 젊음과 외모의 아름다움이다. 하지만 세월의 흐름을 막을 수 없듯이 그것은 영원할 수가 없다. 그래서 중요한 것이 내적인 전문성을 확보한 아름다움과 여기에 자신의 연령보다 젊게 보이게 하는 세련됨과 언제까지나 매력적으로 빛나는 모습을 유지하고 싶다면 자신을 돋보이게 하는 센스(Sense)있는 옷차림을 활용하고, 자기에게 맞는 화장법을 연구하여 '나만의 아름다움'을 개발하자. 바로 '나다운 삶의 방식' 거부감 없는 개성을 보여주라는 것이다. 같은 능력을 가진 사람이라도 자신감 있고 호감을 주는 스타일을 갖춘 사람이 세일즈에서 더 많은 기회를 얻을 수 있다는 것은 두말할 필요도 없다.

  아름다움을 가꾸는 방법의 시작은 아침에 거울 앞에 있는 시간을 늘리고 타인이 모르게 거울을 자주 보는 눈치와 센스다. 더 발전한다면 가지고 있는 옷을 섹슈얼리티하게, 때로는 커리어우먼처럼 상대를 만날 때마다 카멜레온처럼 액세서리와 옷을 바꿔 입는 것이다. 하체가 짧은 사람은 치마를 하체가 긴 사람은 여성정장바지를 이런 식으로 자신의 부족한 부분을 커버할 수 있는 센스와 노하우가 필요하다. 자신의 장점을 살릴 수 있는 옷차림, 타인의 호감을 부르는 화장법, 정교한 손, 손톱 관리법, 헤어스타일 그리고 자신의 색깔과 향기를 부각시키기 위해서 늘 스스로의 자신을 발견하고 개발하며 실전에 활용하는 여성적 아름다움을 키우는 자세와 태도를 갖자.

여성의 성공 전략을 구사할 때 중요한 한 가지는 모든 여성이 같지 않다는 사실이다. 나이, 가족(가족력)과 주위 환경, 출신 배경, 인종, 문화, 사회, 경제적 위치와 여건은 전략구사의 방법과 형식의 차이를 가져온다.

그녀들이 경쟁력을 갖추고 하나하나의 관계성을 형성하는 모습은 다음과 같은 결과를 만든다. 자동차 세일즈나 보험세일즈에서 남성 세일즈맨들은 한방을 노리기 때문에 주로 '거물'을 찾아가려고만 한다. 하지만 여성 세일즈맨들은 클라이언트 대상인 회사의 고객 조직 전체(1:1)와 상담하고 하나가 되는데 기꺼이 자신의 많은 시간을 투자한다. 그들은 조직 안에서 부하직원들과 팀에 있는 모든 사람들과 끊임없이 관계를 형성해 나간다. 그렇게 일정한 시간이 지나서 고위 경영자를 찾아갈 때쯤이면 사실상 계약은 성사된 것이나 다름없다. 정말 무서운 일이다. 나는 이런 무서움을 가진 아름다운 여성들을 응원한다.

성공 그녀들의 비결

1. 가치관의 정립과 목표 세우기.
2. 인내하고 실패를 두려워하지 않기.
3. 현재 시간에 최선을 다하기.
4. 행동하는 가치관으로 보이는 진실을 만들기.
5. 잘못을 인정하는 용기를 갖기.
6. 위기와 문제는 기회로 생각하기.
7. 정보를 교환하기.
8. 일의 최우선 순위를 정하고 중요한 것과 급한 것 중에서 중요한 것을 하기.
9. 개척자 정신을 갖고 늘 즐겁게 생활하기.
10. 유머로 매력 있는 사람이 되기.
11. 변화에 민감하고 긍정적인 사람을 옆에 두기.
12. 자신과의 약속이나 싸움에서 이기기.
13. 칭찬과 동기부여를 하기.
14. 받는 것보다 주는 사람이 되기.
15. 결단이 필요할 때 과감하기.
16. 표현하는데 익숙해지기.
17. 사람과 사람사이에서 틀린 것이 아니고 다름을 인정하기.

18. 소탐대실(小貪大失)의 교훈을 잊지 않기.
19. 모든 일에는 댓가가 따름을 기억하기.
20. 못하는 일과 안하는 일을 착각하지 않기.
21. 내 선택에 후회는 없기.
22. 도와줄 때는 대가를 바라지 않기.
23. 예의를 지키는 것은 공존을 인정하는 것.
24. 거절할 줄 안다.
25. 약속은 정한대로 하고, 실행은 그 이상을 한다.
26. 약속은 생명이다.
27. 친절한 말은 사람을 따뜻하게 하기.
28. 중요한 것과 모르는 것은 물어보기.
29. 이름을 기억하기.
30. 팀워크란 서로 다름의 차이가 장점이 된다.
31. 공동의 주제를 만들기.
32. 작은 일에 감동하기.
33. 권력을 원한다면 책임질 준비를 하기.
34. 신뢰를 쌓기.
35. 꿈은 실현가능한 것부터 시작해서 크고 원대하게 현실같이 느끼며 강력하게 꿈꾸기.

CHPTER. 04

세상은
'카멜레온'을 원한다.

'나'의 존재에 자부심을 갖자

현실에서는 대인 관계의 단절과 수없이 많은 오해와 부재로 인한 많은 문제들이 발생한다. 그 관계의 본질적 회복을 위해 다양한 종교 활동과 공익광고 민간단체의 활동이 전개 된다. 관계의 회복을 위해 기업은 사람의 마음을 얻기 위한 이미지 광고가 대세이다.

"사랑해요 LG"

"꿈과 희망의 현대, 현대가 움직이면 세계가 움직입니다."

"나눌수록 희망은 커집니다. 함께 달려요. 초일류기업 삼성"

물론 비영리단체와는 다른 목적을 가지고 있음을 안다. 사람의 마음을 얻기 위해 공익활동도 하지만 대다수의 국민들은 그러한 공익활동을 민간단체에서 행하는 공익활동으로 인식하지는 않고 '그게 그거지' 하고 그냥 지나쳐 버린다. 이러한 광고 이전에 고객에 대한 진실함을 보여 줄 수 있는 방법은 무엇일까?

그것은 이미 기업에서 가지고 있는 가치를 실제적으로 실현하는 것이다.

만약 한화가 내걸고 있는 최상위 가치인 신뢰와 의리를 바탕으로 신뢰, 존경, 혁신을 실천한다면, 인류의 발전을 위해 삶의 가치를 향상시키기 위해 존재하는 기업이 되는 것이다.

고객에 대한 사랑이 반드시 존재해야 한다. 무조건적 이윤추구만이 아닌 그에 따른 대상과 삶의 가치를 고민해 보아야 한다.

고객에 대한 사랑을 이루는 방법은 모든 이들이 만들어 내는 긍정적 가치에 따른 창조에 있다. 가치에 따른 창조성의 결과치가 나올 수밖에 없다.

작년 지역의 대학에서 전국 환경·시민운동가 대회가 있었다. 첫째 날 토론회 때 패널로 참여한 '문정현 신부' 사회자에게 질문을 던진다.

"사람의 중심이 어딘지 아십니까?"

"가슴, 배꼽, 머리, 가슴"

"사람의 중심은 아픈 곳입니다."

사람의 몸 중에 아픈 곳이 생기면 모든 신경들이 그 부분에 집중하기 때문에 아픈 곳이 중심이 될 수밖에 없다는 논리였다. 세상의 중심도 마찬가지로 아픈 곳이라고 설명하면서 '당신(YOU)은 항상 세상의 중심에 있다.' 고 했다.

안정성이나 자신의 편안함을 추구하는 세상의 주변부에서의 삶도 있으나 그것을 위해서만 산다는 것은 어찌 보면 인간으로서의 삶의 가치를 내려놓는 것처럼 보인다. 더구나 돈만 많이 번다면, 우선 돈이 되는 일에는 무슨 일이든지, 상대가 어떻게 되던지…… 처럼 삶의 역주행을 하는 사람들에 대한 위험성도 인식시켜야 할 것이다. 힘겹지만 세상의 중심에서도 사랑을 통해 많은 이들이 행복할 수 있게 변할 수 있음을 증명해 주어야 할 것이다. 더 나아가 세상의 중심에 서는 게 어쩌면 이 시대에 진실된 성공일 수 있다고도 해석할 수 있어야 한다.

성을 쌓고 사는 사람들은 망한다

"칭기즈 칸, 성을 쌓고 사는 사람들은 망한다."

울타리 속에 꼭꼭 숨어 있다면, 넓고 크고 빠르게 변화하는 문화의 흐름과 세상의 흐름 속에서 저 홀로 단절되어 결국 울타리는 허물어지고 세상과의 격차만 벌어질 것이고 이로 인한 상실감만 남는다.

직장과 직업은 먹고사는 일이 결부된 중차대한 것이니 만큼 사생결단이 필요하다.

솔개는 가장 장수하는 새로 알려져 있다. 70년까지 살 수 있는데 이렇게 장수하려면 40년쯤이 되었을 때 아주 고통스럽고 중요한 결정을 하여야 한다고 한다.

  이대로 죽던가 아니면 고통스런 갱생(更生)의 과정을 거치는 사생결단(死生決斷)을 해야만 한다. 갱생의 과정을 선택한 솔개는 40년 이전에 높은 산으로 올라가 바위에 부리를 마구 쪼아대 부리를 뽑아낸다. 그런 다음 발톱을 새로 나온 부리로 하나씩 뽑아내는데, 이렇게 10개의 발톱을 다 뽑아낸 다음에는 무겁고 긴 날개를 하나하나 뽑아낸다. 이런 변화의 고통스런 아픔의 시간속의 결단한 1년이란 세월은 솔개를 새로운 모습으로 탈바꿈 시켜, 다시 하늘로 힘차게 날아올라 30년의 생을 더 살 수 있게 한다.

  이렇게 새로운 삶을 갖기 위해서 변화하지 않으면 죽는 것이 현대 사회이다.

  자신의 변화를 안일한 태도로 받아들이거나 편안하게 살려는 태도가 오늘 우리들의 모습일 수 있다. 직장에서 주는 월급이, 그리고 지금 벌고 있는 수입이, 그리고 그동안 모아둔 재산이 있으니 안전하다. 아니다, 결코 그렇지 않다.

  반드시 지금부터 준비해야한다.

  시대의 트렌드(TREND)를 파악해 자신과 가족을 위해 진정으로 원하는 가치를 파악해서 쫓아야 한다.

가치 키우는 비법

'전략'의 핵심 요소 '선택과 집중(Where & How to play or Choice and Focus)'

선택은 두 번 이루어진다.

첫 번째, 마음으로 결정하는 선택(결심)

두 번째, 몸으로 결정하는 선택이다.(결단)

첫 번째 선택을 결심이라고 할 때 두 번째 선택을 결단 혹은 헌신이라고 부른다. 첫 번째의 선택만으로는 기능이 발휘되지 않는다. 두 번째의 선택에서 기능이 발휘된다. 많은 경우에 우리는 첫 번째 선택을 하고서도 두 번째 선택의 관문 못미처에서 방황하기 쉽다. 거기에서 머뭇거리는 사이에 우리의 인생은 소모되고 나의 기능은 마비되고 마는 것이다.

톨스토이 명작 "안나 카레리나"의 '코젠세브'와 '바렌카'는 서로 사랑한다. 결혼을 결심한 둘의 첫 번째 선택은 이루어졌다. 행동으로 옮기는 두 번째 선택의 중요한 날, 그들은 끝내 말을 꺼내지 못하고 만다.

첫 번째 선택이 끝나면 두 번째 선택을 위해서 전략이 필요한데 전략의 핵심요소는 다음과 같다고 생각한다.

1. 하고자 하는 모든 일에 최우선순위를 결정하는 것.

2. 대안을 선택하는 것.
3. 선택한 대안에 집중(용기)을 유도하는 것.

 따라서 전략은 '어떤 것은 선택하고 어떤 것은 버린다.'는 것을 의미하며, 우선순위를 정해서 먼저 할 것과 나중에 해도 되는 것을 구분하여 한 곳에 힘을 집중하겠다는 것이다.
 '잘 할 수 있고 이익을 낼 수 있는 것'만 하고 효율이 떨어지는 것은 과감히 버리기도 한다. '전략적 경영'은 다른 말로 '선택적 경영'인 것이다.
 둥지를 장만하는 가계의 큰 사건부터 사소한 물건 하나를 사는 것까지도 선택과 집중이 필요하다. 더구나 자신의 미래와 가족의 미래를 준비하기 위해서는 정보, 자료 수집은 기본이며 어떤 일을 할 것인지, 누구와 할 것이지, 인테크와 재테크는 어떻게 할 것인지 계획하기 위해서는 '선택'과 '집중'에 만전을 기해야 한다.
 하지만 현시점에서 지인들의 의견수렴이나 정부의 정책을 따라가기 보다는 스스로 주변의 상황과 경제전문가, 미래학자, 서적을 통해 충분히 동선을 파악하고 철저한 계획과 새로운 방편을 세우는 것이 절실하다. 경제영역은 지금현재 세계전쟁이다.

인생 바꾸는 긍정의 태도

행동으로 옮기는데 익숙하다면 왜 못하는가?

욕심만 가지고 행동하지 않는 핑계의 자세가 나를 지배하기 때문이다. 모든 것은 자세에 달려 있다. 바른 자세를 가진 사람은 포기하지 않으며 행동으로 옮기는데 익숙해서 결과를 만들어낸다. 자세는 나 자신의 문제이고 태도는 상대를 대하는 나 자신의 문제이다. 자세가 바뀔 때 태도가 달라진다.

내적인 자세와 외적인 자세가 태도를 결정짓는다. 미국인과 한국인에게 각각 천만 원씩을 주면서 사업을 하라고 했다. 미국인은 오백만 원을 더 빌려서 천 오백만 원의 자본금으로 사업을 시작했고, 한국인은 삼백만 원을 두고 칠백만 원을 가지고 사업을 시작했다. 실패하면 삼백만 원이라도 남기겠다는 계산이다. 누가 성공했는지는 불을 보듯 뻔하다. 실수를 하더라도 적극적으로 일하는 사람이 결과를 만들어낸다. 돈을 더 빌린 것은 성공하겠다는 강한 의지와 자세로 목적이 분명한 계산을 했다는 얘기다. 해 보겠다는 자세가 있다면 그 다음은 겸손과 공손한 태도가 좋은 결과를 만든다. 미래는 겸손한 사람, 남의 얘기를 잘 들어주는 사람들이 성공한다.

나 자신과 상대를 대하는 태도는 분명 모든 사람들의 삶에 영향을 미치는 가장 강력한 요소이다. 긍정적인 태도는 자신과 자신의 꿈이 최고라고 믿기 위한 개인적인 결심에서 시작된다.

'can not'을 'can'으로
"난 그건 못해요"를 바꿔보자! 어떻게? 이렇게!
"그래, 일단 해 보자"
"그건 어렵겠는데, 힘들어"라는 말 대신에 "그래 우리가 해 낼 수 있어"라는 말을 쓰자.

실제로 회사에서 어떤 프로모션을 제공했을 때 처음부터 '안 될 거야'라고 생각하는 사람들은 사업이 침체되고 추락할 수 있다. 반면에 어떤 사람들은 '그걸 활용해서 한 번 뛰어보자'라고 생각하고 프로모션을 최대한 활용한다. 이분들은 당연히 사업이 성장할 것이고 결과가 충분한 보상으로 이어질 것이다. 당신의 사업이 계속 지지부진하길 원하는가? 아니면 성장의 모습이기를 원하는가?의 마인드에 따라 결과의 차이를 가져온다.

'can not'을 'can'으로 바꾼 대표적인 사람이 바로 징키스칸이다. 그는 온갖 역경과 고난을 극복하고 인류 역사상 가장 넓은 영토를 정복하는 영웅이 되었다.

"집안 탓하지 말라. 나는 아홉 살에 아버지를 잃고 마을에서 쫓겨났다. 가난하다고 탓하지 말라. 나는 들쥐를 잡아먹으며 연명했고 목숨을 건 전쟁이 내 직업이고 내 일이었다. 작은 나라에서 태어났다고 말하지 말라. 그림자 말고는 친구도 없고 병사로만 10만, 어린이, 노약자 백성만 2백만이 되었다. 배운 것이 없다고 힘이 없다고 탓하지 말라. 나는 내 이름도 쓸 줄 몰랐으나 남의 말에 귀 기울이며 현명해지는 법을 배웠다. 너무 막막하다고 그래서 포기해야겠다고 말하지 말라. 나는 목에 칼날을 쓰고도 탈출했고 뺨에 화살을 맞고 죽었다 살아나기도 했다. 적은 밖에 있는 것이 아니고 내 안에 있었다. 나는 내게 거추장스러운 것은 깡그리 쓸어 버렸다. 나를 극복하는 그 순간 나는 징키스칸이 되었다."

긍정 마인드

　긍정적인 말과 태도와 외모, 주변 환경에 맞는 옷차림과 외모는 긍정적 작용을 하고 이와 함께 자신의 말을 늘 가다듬고 상대와 자기 자신에게 칭찬하는 태도를 보이면 더욱 긍정적인 결과가 나온다.
　이 시대 최고 휴먼브랜드 파워 1위는 "앙드레 김"이다. 왜냐하면 "살롱 앙드레"의 콘셉트 하나 '화이트'에 집중하면서 브랜드 파워를 만들었고 또 하나의 그의 강점은 자신과 말을 주고받는 상대, 고객과 모델을 가리지 않고 클라이언트들에게 극

진한 칭찬을 "어! 우아하고, 지성적이고 그 내면의 깊이가 느껴져요. 암! 판타스틱하고(FANTASTIC), 엘레강스(ELEGANCE)하고, 로맨틱(ROMANTIC)해요"라는 칭찬으로 휴먼적인 느낌을 주었다. 그는 칭찬을 구체적으로 진지하게 한다. 어설픈 칭찬은 오히려 역효과를 가져온다.

위기를 요리하라

 포기하지 않는 자에게는 나쁜 상황이란 없다. 좌절할 때가 절망적인 순간이고 나쁜 상황인 것이다. 생각의 차이가 결과의 차이로 나타난다. 어떤 사람들은 불리한 상황에서도 잘 대처하여 좋은 상황으로 전화위복시킨다.
 옛날 중국 어느 마을에 말 한필을 키우며, 가난하게 살아가는 가정이 있었는데 하루는 그 말이 없어졌다. 그러자 집안 식구는 물론이고 이웃 사람들까지도 낙심하여 염려를 했다. 그런데 얼마 후에 그 말이 야생마 12필을 데리고 돌아왔다. 갑자기 재산이 늘게 되어 모두 놀라고 기뻐했다. 그런데 어느 날, 그 집의 외아들이 야생마를 타고 다니다가 떨어져서 다리가 부러지고 말았다. 그때에 그 주인이 말이 12필이나 생겨서 복 받았다고 했더니 오히려 화가 되었다고 걱정을 하였는데 얼마 지나지 않아 나라에 전쟁이 일어나 마을 젊은이 들은 모두 끌려가 전사를 하고 말았다. 그러나 다리가 부러져 징병하지 아니한 아들은 살아남아 훗날 그 지방의 훌륭한 지도자가 되었다고 한다.

"좋아질 때까지 기꺼이 나쁜 채로 내버려 두어라."

"나쁜 것은 좋아 질 때까지 노력하라."

결국 두 가지 방법이 있는데 대부분 전자를 선택하지만 나쁜 상황이야말로 불편함이야말로 우리 정신을 깨어있게 하는 것이라는 깨달음을 주기도 한다.

실패에서 얻어지는 깨달음 그 후에 정신을 바짝 차리면 더 좋은 결과를 얻기도 한다.

조지 W 부시 미국 대통령이 어느 날 식당에서 음식을 주문하면서 자기 음식에는 브로콜리를 넣지 말라고 부탁했다. 이 일은 곧 입소문을 통해 퍼졌다.

'부시는 브로콜리를 싫어한다.' 는 소문으로 애꿎은 피해를 본 브로콜리 재배 농장주들은 함께 모여 대책을 논의했다. 그들은 거친 항의 대신에 한 통의 편지와 대형 화물차에 가득 실은 브로콜리를 대통령에게 선사하기로 했다.

"대통령님, 이것은 당신을 대통령으로 뽑아준 미국 사람들이 즐겨 먹는 채소입니다. 단백질이 많고 철분이 다량 함유돼 있어 몸에 상당히 이롭습니다. 지금까지의 생각을 바꾸셔서 이것을 즐겨 드시면 감사하겠습니다."라는 편지의 내용과 선물은 언론을 통해 보도돼 엄청난 홍보 효과를 거뒀다. 그들은 화를 복으로 바꾸었다. 성경에서 '감당치 못할 시험은 없으며 하나님께서는 피할 길을 주신다.'(고린도전서 10장 13절)고 했다. 희망을 놓지만 않으면 또다시 일어설 수 있는 것이 인생이다.

좋지 않은 상황을 인정하고 정신을 바짝 차린 결과, 서독 상품의 '브랜드 이미지'는 아마 어느 나라도 따르지 못할 것이다. '메이드 인 저머니(Made in Germany)'라면 벌써 신뢰의 상징처럼 되어있다.

그러나 '메이드 인 저머니(Made in Germany)'는 원산지 국명은 한때 조악(粗惡)품의 대명사였다. 이들은 이 악명을 씻기 위해 영국으로부터 기술을 도입하는 한편 기업인들이 분발해서 공업 육성에 피나는 노력을 경주했고 그 결과 오늘이 있게 된 것이다.

꿈의 크기로 말해라

"꿈, 목표"
꿈(Dream)은 희망(hope)을 가질 수 있는 목표를 세워야 긍정적 행동(action)이 나오고 비전(vision)이 된다.

　사람이 꿈 꿀 수 있는 그 이상의 허황된 꿈은 희망이 될 수 없고 때문에 목표를 설정 할 수 없기에 행동이나 인내를 동반한 끈기와 노력이 따라올 수 없다. 결국 비전(vision)이 아닌 뜬 구름을 잡는 것이다.

　반대로 사람이라면 실현 가능한 꿈은 희망이 될 수 있고 때문에 목표를 설정 할 수 있기에 긍정적, 낙천적 행동이나 인내를 동반한 끈기와 노력이 따라오는 것이고 결국 비전(vision)이 되는 것이다. 시각화 하려면 꿈을 바라보고 생각하고 목표를 세워야 한다. 이렇게 시각화되면 계획을 세우고 행동(action)을 동반한 노력이 따르기 마련이다. 예를 들어 어린아이들이 병원놀이를 할 때, 어떤 아이는 의사를 꼭 맡으려하고 어떤 아이는 간호사를 맡으려한다. 물론 환자를 맡는 아이는 아이들 세계에서도 영향력이 별로 없는 아이 일 것이다. 그럼 의사와 간호사를 맡은 아이들이 모두다 의사가 되고 간호사가 되는가?

　물론 그럴 확률도 있다. 하지만 그 아이가 그 꿈을 포기하지 않고, 처음 꿈을 바라보고 생각하고 목표를 세워 계획이 진행된다면 말이다. 보통은 중, 고등학교 시절 나름의 이유를 들어 의사라는 전문직업의 꿈을 가지고 명문 대학진학을 목표로 계획을 세운다. 그 일환으로 내신 성적을 높이고 좋은 수능 성적을 받기 위해 노력할 것이다.

　꿈을 바라본다는 것, 생각한다는 것은 환경적인 영향이 99%이다. 집안에 의사 가운을 걸어 놓는다거나 청진기, 의학 서적, 의학 잡지, 이미 성공한 유명한 의학박사 사진을 걸어놓기, 집안 가족 중의 사돈에 팔촌 혹은 이웃이나 주변에 현업 의사와 가깝게 지내는 것으로 바라보고, 이것이 생각으로 이어져 결국 노력하게 되는 결과를 가져오는 것이다.

꿈이 생겼다면 크게 꿔라

　크게 생각하면 그 크기에 맞춰진다. 왜냐하면 바라보면 행동하고 도와주고 이뤄지기 때문에 환경에 지배를 받는 것이 아니라 생각에 꿈이 환경을 지배한다는 공식이다.

　단기적 생각, 1주일, 1달, 분기별 계획과 이루고자하는 실현 가능한 꿈에서 출발하고 조금 앞선 꿈의 시각화가 자신의 생활공간과 가시적 공간에 글로 또는 형태로 존재하게 한다면 효과만점이다.

　중장기적 생각 1년, 3년, 5년, 7년 계획과 현실적으로 조금은 어려운 그러나 이루고자하는 꿈의 시각화가 자신의 생활공간과 가시적 공간에 글로 또는 형태로 존재하도록 하라.

장기적 생각 10년, 20년, 20년 이후 계획과 불가할 것 같은 원대하고 큰 비전을, 시각화하자. 자신의 생활공간과 가시적 공간에 글 또는 형태로 만들어서 늘 간직 하자.

세상에 꿈이 없이 성공한 위인(경제, 정치, 사회)은 거의 모든 영역에서 찾아볼 수 없다. 과거에도 현재에도 그리고 앞으로 미래에도 그럴 것 이다.

자연계에서 일어나는 극미 현상인 양자론과 다중우주는 신비하고도 신비한 세계라서 인간의 감각으로는 생각해내기 어렵다. 그렇지만 양자론은 수학 계산으로 인한 이론치와 실제 측정값이 너무나도 잘 맞아 떨어져서 틀렸다고 주장하는 과학자들은 거의 없다. 실험결과와 측정값이 잘 맞아떨어지기 때문에 반박하기 힘들다. 결과적으로 강한 미소에 밝은 긍정적적인 말이나 확실한 생각의 파동이 꿈을 현실로 만든다. 때문에 강력한 꿈을 가진 자는 굳은 의지로 본인의 꿈과 목표를 거의 99% 이룬다고 볼 수 있다.

이 때문에 요즘 사회적 이슈로 떠오르는 "꿈꾸는 다락방" "부자들의 성공습관", "당신도 부자가 될 수 있다" 등의 책이 있다. 부와 관련한 서적이나 꿈, 의지, 생각, 인간과 자연에 대한 많은 서적들에 관심이 집중되고 재조명되고 있는 것이다.

1900~1910년 인간과 자연간의 관계가 새롭게 정립된 것은 아인슈타인의 상대성이론, 플랑크의 양자론으로 자연의 외형, 물질과 에너지, 공간개념 등의 불확실성을 인식하고 프로이드의 꿈을 해석한다.

  사람은 삶 자체가 생각하는 대로 살고 생각으로 이루어진다. 사회와 정치적으로 프랑스혁명 이후 시민권이 유럽전역에 확산되어 여성의 참정권이 부여되었다. 식민주의의 부활로 생산품의 수입과 수출확대가 되었다. 여기서도 영주와 왕족, 귀족 신분의 벽이 허물어지길 간절히 바라는 평범한 사람들의 간절한 꿈이 있었기에 그 파동을 타고 실현된 것이다. 여성 또한 가부장적인 사회에서 여성의 사회 진출의 간절한 꿈으로 이루어졌다. 생산성을 위해 식민지를 꿈꾸는 자들로 인해 식민지화되었던 나라들 이후 강대국의 식민지로 억압받던 사람들의 의식이 되살아나면서 그들의 간절한 자유의 열망과 생각이 언어의 파동을 타고 소원 성취하게 되는 결과를 가져왔으리라 생각된다.

  성경에도(창37:5~11) 요셉이 "꿈을 꾸고 자기 형들에게 말하매 그들이 그를 더욱 미워하였더라. 요셉이 그들에게 이르되 청하건대 나의 꾼 꿈을 들으시오. 우리가 밭에서 곡식을 묶더니 내 단은 일어서고 당신들의 단은 내 단을 둘러서서 절하더이다. 그 형들이 그에게 이르되 네가 참으로 우리의 왕이 되겠느냐 참으로 우리를 다스리게 되겠느냐 하고 그 꿈과 그 말을 말미암아 그를 더욱 미워하더니. 요셉이 다시 꿈을 꾸고 그 형들에게 말하여 이르되 내가 또 꿈을 꾼즉 해와 달과 열 한 별이 내게 절 하더이다 하니라. 그가 그의 꿈을 아버지와 형들에게 말하매 아버지가 그를 꾸짖고 그에게 이르되 네가 꾼 꿈이 무엇이냐 나와 네 어머니와 네 형들이 참으로 가서 땅에 엎드려 네게 절하겠느냐. 그의 형들은 시기하되 그 아버지는 그 말을 간직해 두었더라." 결국 요셉은 많은 어려움과 말할 수 없는 고난이 있었으나 꿈을 현실로 만들었다.

인생은 꿈을 먹고사는 존재이다. 꿈은 창조주가 인간에게 주신 최고의 선물이다. 꿈꾸는 사람은 미래를 보고 살아서 현실에 묶이지 않을뿐 아니라 과거에도 집착하지 않는다. 미래에 일어날 일과 현상들을 형상화시키는 방법으로 초현실적인 방법을 선택하는 일이 시작이다.

목표를 적시는 간절함

　목표 의식은 감정이입을 통해서 강화된다. 목표에 자신의 생각이 포함되고 간절한 욕구의 감정이 목표에 이입되어 있지 않으면 허상에 지나지 않는다.

　당신은 성공의 공식을 아는가?

　운동이나 공부도 잘 하는 방법이 있고 규칙과 공식이 있기 마련이다. 하물며 개인의 성공과 조직의 성공에 공식이 없고 방법과 규칙이 없다면 말이 되겠는가?

　자신의 성공을 위해 스스로에게 엄격하고 철저한 생활 습관과 기준을 가져라. 지난 실패를 털어버리고 나의 꿈에 대한 긍정적 사고와 간절함을 가져야 한다. 많은 사람들이 성공하려면 꿈을 가지고 목표를 설정하라고 가르치고 있지만 메아리 없는 외침뿐이다.

　실제 성공하는 사람들은 두 부류로 나누어진다. 첫째는 실패를 두려워하지 않는다. 오히려 이를 계기로 미래를 보는 안목을 넓혀, 하고자 하는 일에 계획을 세워 시간과 투자의 노력을 게을리 하지 않는다. 둘째는 오직 앞만 보며 불도저 같이 밀고 나간다. 이 두 부류의 사람들에게는 공통적인 성공요소가 존재한다. 바로 간절함이다.

　100M허들 달리기를 한다고 가정해보자. 우승이나 신기록

등 목표에 대한 간절함이 없다면 결과는 불 보듯 뻔하다. 골인 지점을 향한 나의 목표에 대한 간절함이 있기에 심판의 총성에 반응하고 전력을 다해 뛰는 것이다. 전력을 달리다 허들이란 장애물이 나오면 훌쩍 뛰어넘고, 또 넘어 결승점을 향에 달려가는 것이다.

수많은 사람들이 간절하다고 생각했던 것들은 그저 이루어지기 바라던 꿈, 소망일 경우가 태반이다.

나의 성공을 위해 이제라도 가난한 '워킹 푸어'의 삶에서 벗어나자. 자신에게 엄격하고 철저하게, 꿈의 목표를 설정하고 간절함을 무기로 뛰기 시작해야한다. 이런 행동과 마음가짐이라면 골인 지점에 누구나 승자로 들어올 수 있다. 행동하지 않는 자에겐 성공의 열쇠는 주어지지 않는다.

성공의 Key를 선점하다

3D에서 미래를 찾아라

3D의 dirty 더러운 일, difficult 힘든 일, dangerous 위험한일, 더럽거나 힘들거나 위험한 일을 3D업종이라고 한다. Dirty는 대표적인 것이 청소부, 3D 모두 속하는 것은 일명 현

장 잡부를 들 수 있다. 3D를 정보화시대 현대적 관점으로 재해석해보면 모든 것이 충족되어 개발 된 곳에는 성공의 먹을거리가 적다. 때문에 성공자들은 3D와 같은 황무지를 찾아 떠나는 것이다. 황무지는 경쟁자가 없기에 레드오션(피바다)이 아닌 블루오션인 것이다. 파이를 놓고 여러 명이 나눠 먹는 지금의 레드오션에서 블루오션으로 이동해야 한다. 옛날에 별 볼일 없었던 직업군이 지금은 괜찮은 직업군으로 자리 잡았지 않은가?

레드오션에서는 성공을 기대하는 것은 어리석은 발상이다. 빨리 아무도 발을 내딛지 않은 황무지를 찾아 떠나는 개척자와 같이 블루오션을 찾아서 넓고 깊은 데로 가라.

TIP - 가능성에 투자하라

상전벽해(桑田碧海). 뽕나무밭이 푸른 바다로 변한다는 뜻으로 세상이 빠르게 변화하는 것을 비유하는 말이다. 바로 우리가 살고 있는 유비쿼터스(Ubiquitous)시대 금융권의 전자금융시장의 성장세는 이러한 말이 무색하지 않을 정도다.

전자금융 시장은 지난 2천 년 이후 기존 전통적인 채널을 빠르게 대체하고 있다. 무엇보다 언제 어디서나 금융 거래를 처리할 수 있는 편리성이 최대 강점이다. 이제 전자금융 없는 금융

시장은 생각할 수조차 없는 시대가 됐다.

이미 은행의 전체 거래에서 인터넷뱅킹 등 전자금융 비중은 지난해 말 80%를 넘어섰다. 인터넷·모바일뱅킹 비중도 지난 2005년 처음으로 창구 거래를 넘어선 뒤 꾸준히 30% 수준을 유지하고 있다. PC를 이용하는 HTS(홈트레이딩 시스템) 거래 비중도 가파른 상승세를 보이면서 80%를 거뜬히 넘어서 대표 채널로 자리 잡았다. 온라인 자동차 보험의 경우 지난 2001년 첫 상품이 출시된 이후 시장점유율이 가파른 성장세를 보이며 20%에 육박하고 있다. 신용카드도 지난해부터 3G(3세대) 휴대폰을 이용한 모바일 신용카드 서비스가 잇따라 출시되면서 진화를 거듭하고 있다.

최근 은행권의 전자금융 시장은 한마디로 괄목할 만한 성장세를 구가하고 있다.

지난해 말 입출금 업무기준으로 인터넷, 모바일, 텔레뱅킹은 물론 CD·ATM 등 자동화기기를 포함하는 전자금융의 입출금 거래 건수가 전체 건수에서 차지하는 비중은 82.7%로 지난 2001년 57.8%에 비해 24.9%포인트나 늘었다. 전자금융 비중은 지난 2002년 60%에서 계속 상승해 2005년 73.7%를 기록한 뒤 지난해 80%를 넘어섰다.

이중 지난해 말 인터넷뱅킹(모바일뱅킹 포함)의 입출금 거래 건수 비중의 경우 29.1%로 전통적인 창구텔러 비중 17.3%를 크게 앞질렀다. 인터넷뱅킹 비중은 지난 2001년 8.8%에 불과했지만 2005년 9월말 30.9%로 전통적인 창구텔러의 29.8%를 처음으로 넘어섰다

지난해 2003년 이후 모바일뱅킹 시장이 급성장세를 보이고 있지만 아직까지는 인터넷뱅킹 이용자가 여전히 절대적인 비중을 차지하고 있다. 다만 모바일뱅킹은 향후 휴대폰 등 이동통신기기의 발전과 맞물려 인터넷뱅킹에 맞먹는 시장으로 성장할 것이라는 게 전문가들의 공통된 지적이다.

은행들은 지난해에는 공동으로 3G(3세대) 휴대폰의 USIM(범용가입자인증모듈)칩을 이용한 모바일 현금카드 서비스를 제공하는 등 모바일 뱅킹 서비스 확대에 열을 올리고 있다. 여기에 지난해 2006년 신한, 우리은행 등이 TV뱅킹을 출시하는 등 새로운 서비스도 선보이고 있다.

전자금융 시장의 성장세는 은행 창구가 아닌 언제 어디서든 은행 업무를 처리할 수 있는 편리성과 밀접한 관계가 있다. 개인 PC와 인터넷, 휴대폰이나 PDA 등 이동통신기기의 눈부신 성장은 이러한 편리성에 더욱 힘을 실어줬다. 전자금융의 성장이 좀 더 편리한 것을 추구하는 기술의 진화와 맞물려 있다는 것이다.

대형 은행 e비즈니스 한 책임자는 "전자금융시장이 편리성을 무기로 성장할 것으로 전망했지만 최근과 같이 빠른 속도로

성장할지는 몰랐다"며 "인터넷뱅킹의 경우 이미 포화상태여서 모바일뱅킹과 TV뱅킹 등 새로운 비즈니스 모델을 계속 물색하고 있다"고 말했다. 한국은행 전자금융팀 한 전문가는 "전자금융 시장의 성장은 편리성이 뛰어난 PC나 휴대폰 등의 통신기기가 계속 발전하면서 다양한 서비스가 출시된 데 따른 것"이라며 "고객은 물론 금융기관, 감독당국의 보안에 대한 관심이 높아지면서 보안성이 개선 강화된 것도 요인"이라고 말했다.

PC를 통해 온라인 주식거래를 하는 홈트레이딩 시스템(HTS)은 IT의 발전과 더불어 눈부신 성장을 거듭하고 있다.

개인 투자자에게 HTS를 통한 거래가 차지하는 비중은 등장 12년 만에 어느덧 80%를 넘어섰다. 수수료가 오프라인 거래의 10분의 1 수준에 불과하고 일과시간 틈틈이 PC를 들여다볼 수 있다는 것이 개인에게 큰 매력으로 다가오는 것이다.

기관과 외국인 등을 포함한 전체 투자에서도 HTS는 거래 체결 량의 70%, 체결금액의 50%를 넘나들고 있다.

HTS의 역사는 증권사들의 고객서비스 역사와 흐름을 같이 한다. 증권사들은 경쟁적으로 새로운 기능을 도입하면서 고객 확보에 총성없는 전쟁을 벌여왔다. 거래 프로그램 개발에서부터 비롯된 경쟁은 금융상품 정보전달, 투자 상담, 입체적이고 분석적인 자료 제공 등 전방위로 확대되면서 투자자들에게 즐거운 고민을 안겨주고 있다.

이제 HTS는 단순한 주문매체에서 벗어나 주식투자에 대한 정보의 보고로 자리 잡고 있다. 개별고객에게 최적화된 사용 환경을 제공하며 각종 멀티차트 기능은 기본이다.

홍콩, 중국, 일본 등 해외증시에 대한 직접투자 기능은 유행처럼 급속히 확산되고 있다. 안방에 편히 앉아서 전 세계 증권 시장을 누비는 일이 머지않은 것이다.

자본시장법 시행에 따라 투자자에게 요구되는 투자성향 진단도 증권사 객장을 찾아가지 않고 PC를 통해 처리할 수 있게 됐다. 증권사들은 고객 자산관리 서비스를 강화하기 위해 HTS와 홈페이지를 적극적으로 활용하고 있다.

빠르면 6월께 소액결제서비스가 본격화되면 HTS나 증권사 홈페이지는 또 한 번의 변신에 들어갈 것으로 예상된다. CMA와 소액결제를 결합한 다양한 상품들이 고객의 시선을 사로잡으면서 '종합 금융 백화점'으로서의 새로운 면모를 과시할 것이다.

HTS는 휴대폰·PDA에서의 모바일 트레이딩 서비스와도 좋은 경쟁이 기대된다. 모바일 기기가 가진 편리함을 HTS가 어떤 신기술로 극복할지 지켜볼 일이다.

◇모바일카드 3G 날개… '온라인 자보시장 쑥쑥'=카드업종은 모바일 신용카드 서비스를 비롯, 이동통신 인프라를 활용한 형태로 전자금융으로의 변화를 꾀하고 있다. 특히 3세대(3G)

휴대전화 등 첨단 IT기기들이 잇따라 등장하고 IT 인프라의 진화도 빨라지고 있어 이러한 변화는 더욱 가속화될 전망이다.

지난 2002년 휴대전화에 내장된 메모리에 카드 정보를 저장해 라디오주파수(RF)를 이용한 비접촉방식으로 거래 데이터를 송수신하는 방식에서 시작, 이듬해 휴대전화에 내장된 집적회로(IC)칩인 스마트카드에 금융정보를 저장하는 금융 IC칩 방식으로 발전했다. 지난 2006년 휴대전화에 내장된 IC칩에 신용정보 등을 저장한 신용 IC칩 방식이 개발된 데 이어 이제는 범용가입자인증(USIM)칩에 카드사의 모바일 신용카드와 교통카드 기능을 탑재하는 USIM칩 기반의 기술이 활용되고 있는 실정이다.

물론 아직까지 기술의 진화에 비해 서비스 기반 인프라가 따라가지 못해 일반인들이 이러한 모바일지급 결제서비스를 이용하기가 그다지 쉽지는 않은 상황이지만 서비스를 위한 제반 사항들이 조금씩 갖춰지고 있어 실물카드 없이도 전혀 불편함 없이 전자금융의 혜택을 누릴 수 있는 시대가 곧 도래할 전망이다.

보험업종에서는 은행과 카드 분야와는 달리 전자금융으로의 진화 속도가 상대적으로 늦은 편이다. 아직까지 자동차보험에서만 온라인 시장이 형성되고 있는 데다 전체 손해보험에서 자동차보험이 차지하는 비중은 점점 줄어들고 있는 점을 감안하면 더욱 그렇다. 또 생명보험의 경우, 상품 설계가 복잡해 보험 설계사와의 대면 위주의 오프라인 시장이 절대적인 비중을 차지할 수밖에 없을 것으로 보인다.

그러나 긍정적인 변화의 조짐도 보이고 있다. 2001년부터 시장이 형성되기 시작한 온라인 자동차보험이 가파른 성장세를 보이며 현재 시장점유율이 20%에 육박할 정도로 무시 못할 존재가 됐다. 업계에서는 자동차보험에서만큼은 온라인 시장점유율이 계속 증가, 향후 30~40%까지 성장할 수 있을 것으로 내다보고 있다. 또 단순한 상품을 중심으로 온라인 시장이 형성될 잠재성도 있는 만큼 보험업에서의 전자금융 시대 개화가 불가능한 것만은 아니라는 설명이다.

〈디지털 타임스 송정훈 기자 2009-03-04〉

생각하고 행동하라

"어떤 일을 하던지 생각하고 또 생각하라."

생각을 많이 하면 예측이 가능하고 그만큼 시행착오를 줄일 수 있어 효율적이다. 생각하고 또 생각한 말들은 상대를 설득하는 설득의 미학이 느껴진다. 오프라인에서의 대화는 온라인으로 들어가고 온라인에서 한번 올린 말들은 돌고 돈다. 빠르게 확산되어 수정할 타이밍을 놓치면 소 잃고 외양간 고치는 격이니 다시 한 번 생각하는 꼼꼼한 여성에게 유리한 것이다.

  더욱 리더라면 자신의 조직 구성원들에게 생각하고 결론이 올바르게 난 다음에 비로소 정리된 것을 말하는 것이 좋다. 말을 우선하면 그것은 자신의 인격의 결과로서 결정된다. 때문에 많이 생각하고 생각하는 것이 좋다. 인터넷 정보화 사회는 양방향으로 감정과 생각을 공유하는 커뮤니케이션으로 많이 생각하는 사람이 이긴다. 생각이 완성되었다면 과감히 행동을 결심하라. 심사숙고한 생각에 따른 결단력과 행동은 수반되어야 한다.

말 한마디가 조직을 키우다

  정보화 사회에서는 여성의 조직력과 지도력이 한층 돋보인다. 지도력과 조직력은 리더의 말과 행동, 구성원들 사이에서 리더를 존경하는 마음에서 나온다.

  말은 자기 최면효과를 불러오기 때문에 그 흔한 말 한마디가 동기부여를 통해 자신을 이끄는 원동력이 될 수 있다. 또한 사람은 자신의 말에 책임지려하기 때문에 좋은 결과를 얻는데 효과적이다.

강력한 동기부여와 성공을 이끄는 원천이 바로 감동적이고 효과적인 '말'로서 자기 자신에게 용기를 줄 수 있다. 나를 따르는 주변 사람들에게 용기를 줄 수 있는 생명력은 조직의 지도력에 지대한 영향력이 된다.

리더가 파트너(partner)들의 꿈을 파악하고 이를 터치하면서 비전을 제시하고 동기부여 할 수 있다면 리더로서 이미 조직력과 지도력은 검증이 끝난 것이다.

1인자의 화려함보다 빛나는 2인자의 가치

빌 게이츠의 친구이자 협력자였던 스티브 발머, 마오쩌둥에게 일인자 자리를 내어 주고 평생 그를 보좌했던 저우언라이, 부통령직을 새로운 차원으로 끌어올린 앨 고어 등 세계적인 정재계 인물은 물론, 미국 대학 농구의 전설적인 감독 딘 스미스를 40년간 보좌한 윌리엄 거스릿지 같은 스포츠인, 심지어 셜록 홈스와 불멸의 단짝을 이룬 닥터 왓슨 같은 소설 속 인물들 속에서 진정한 협력자 정신이 어떻게 구현되는지 발견할 수 있을 것이다.

 오직 일등만을 부르짖는 자신의 권리는 하나도 양보할 수 없다는 극단적 권리 주장의 시대이다. 그러나 조직의 성공에 1인자 못지않은 공헌을 했으면서도 모든 영광과 갈채를 1인자 뒤에서 바라보는 것은 결코 쉬운 일이 아닐 것이다.
 위대한 2인자들의 자질은 조직의 목표에 대한 분명한 의식이다. 이것이 개인의 성공보다 공동 목표를 위한 협력자 정신을 발휘하게 한다. 그들은 성공을 개인의 명성 추구가 아니라 공동 목표를 위해 창의적으로 일할 수 있다는 사실에서 즐거움과 보람을 느낀다. 그리고 자신의 가치를 다른 사람들의 판단에 맡기지 않는 건강한 자존감이 있다. 자신의 명예욕보다 조직 속에서 자신의 능력이 가장 효과적으로 발휘될 수 있도록 일하는 자세이다. 그들에게는 심지어 1인자니 2인자니 3인자니 하는 경쟁시대의 용어 자체가 무색하다.

 이러한 2인자의 자질은 단지 스타일의 문제라기보다는 존재와 인격의 문제이다. 진정한 협력자 정신은 섬김과 겸손, 훈련된 인격이 전제되지 않는 한 불가능하다.

미래 인재의 행동 키워드

찾아라

진정 자기가 좋아하고 잘할 수 있는 일이 무엇인지 깊이 생각해 보고 천생연분 직장이라 할 수 있는 곳에서 직업 선택을 해야 한다. 미래는 고소득 직장, 직종이라는 말이 사라지고 어느 분야에서든 전문성과 차별성을 가진 사람이 살아남는 시대가 올 것이다.

가져라

인생이라는 그라운드를 뛰고 있는 우리에겐 자신의 일에서 성공을 쟁취하기 위한 꼼꼼한 전략이 필요하다. 자신의 성향을 객관적으로 파악하고 단점을 보완하며, 장점은 최대한 활용하는 자신에게 맞는 전략을 세워야 한다. 그러기 위해서 갖고자 하는 일에 선행모델을 보고 벤치마킹, 리모델링할 필요가 있다. 주의해야 할 점은 남들이 하는 대로 무조건 따라하는 것이 아니라 자신의 환경과 특성을 먼저 파악하고 그에 맞는 맞춤형 전략을 세워야 한다는 것.

긍정적 마인드를 품어라

'우유 속에 빠진 3마리 개구리가 있는데 살 수 있는 유일한

길은 마지막까지 포기하지 말고 헤엄치면 결국 우유가 치즈가 되어 살 수 있다.'

긍정적인 생각으로 노력하면 웃으면서 극복할 수 있다.

찾기 위해서 긍정적인 사람은 행동하기 때문에 찾게 되고, 갖기 위해서 긍정적인 사람은 행동으로 찾고 생각하면서 갖게 된다. 그러나 찾은 것은 문제의 소지가 항상 숨어있어 언제까지나 나의 것이 되기 싶지 않은 반면, 갖는 것은 평생 나의 것이 될 가능성 아주 높다. 누구나 겪는 실패지만 그 실패를 잘 딛고 일어서는 사람이 있는가 하면 끝끝내 헤어 나오지 못하는 경우의 사람들도 있다. 어떻게 성공하는가도 중요하지만 실패를 어떻게 극복하느냐가 더 중요하다.

늘 긍정적으로 생각하는 것이야말로 실패를 벗어날 수 있는 가장 좋은 방법이다. 참고로 실패해도 '곧 다음 기회가 오겠지'라는 생각으로 매 순간을 밝고 소중하게 생각할 수 있는 책, 노래, 영화, 취미, 밝고 긍정적이고 좋은 사람들과 어울리도록 노력한다면 반드시 원하는 것을 갖게 될 것이다.

하루 24시간을 나의 골드타임으로 만들자

속도의 시대. 돈을 관리하는 것보다 시간을 관리하는 것이 중요한 세상이다. 시간을 관리할 수 있는 가장 중요한 방법은 자신에게 가장 효율적인 시간이 어느 때인지를 파악해 그 시간을 적극적으로 활용하는 것이다. 예를 들어 늦은 저녁 또는 새벽에 생각할 수 있는 자신만을 위한 시간을 갖기 위해서 노력하고 하루를 아침, 오전, 오후, 저녁의 4단위로 쪼개서 사용하는 습관을 들이고, 서서히 3시간 단위로 쪼개고 다시 2시간 단위로, 1시간 단위로 쪼개서 사용하는 습관을 만들어 시간을 관리하면 더욱 효율적이다.

눈도장을 찍어라

경제교육을 위한 가장 좋은 방법은 인터넷 포털사이트 또는 신문의 경제면을 매일 꾸준히 보는 것이다.

어려운 용어와 '그래프(graph)'가 부담스럽더라도 기죽지 말고 모르는 것을 하나씩 체크해 가면서 알아두는 센스는 어느새 경제적 지식을 높이고, 이에 따라 경제를 보는 감각이 생성되게 된다.

성공의 지름길, 책에서 찾자

'책, 너는 내 운명' 눈에서 책을 손에서 놓지 말자.

성공하겠다고 결심한 사람은 책이 필수다. 관심 있는 분야의 책이 있다면 두 권이상 읽자. 이는 두 배 이상의 효과와 다양한 지식으로 원하는 것 이상의 효과를 얻게 된다. 같은 주제라도 저자의 입장에 따라 시대적 환경에 따라서 자신의 생각을 전달하는 방법이 다르다. 같은 주제의 책을 두 권 이상 읽으면 서로 다른 시각에서 보완효과와 그 분야에 시야가 넓어지며, 복습효과도 기대해 볼 수 있다.

언어의 마술사가 되자

21c 휴먼 네트워크 시대에서는 말 잘하는 것도 능력이다. 때문에 말만 잘해도 먹고 산다. 아니 큰 부자가 될 수 있다. 말을 잘해야 상대방을 잘 설득시킬 수 있기 때문에 계약의 성패를 좌우하기도 하고, 이렇듯 말 한마디가 큰 경쟁력을 행사한다. 한편 말은 돈을 불러오기도 하지만, 빚더미에 앉히기도 한다. 분명한 것은 비즈니스 영역에서 말은 최고의 무기이다.

경험으로 경쟁력을 키우자

중요하지 않은 경험이라도 필요 없다고 생각되는 경력이라도 나중에 자신의 경쟁력이 될 수 있다.

법의 틀 안에서라면 아르바이트, 여행 등 많은 경험이 자산이 된다. 특이나 젊어서(10~20대)는 더더욱 많은 경험과 이력이 필요하다. 젊어서 인생 경험은 앞으로 삶에 모든 영역에서 지혜로 나타나는 자산이 된다. 아르바이트는 용돈도 안겨주고 더할 나위 없는 인생 경험을 쌓게 해준다.

메모로 나의 성공 발자취를 남기자

메모는 다시 한 번 생각하게 하고 정리하게 한다. 정보가 쏟아지는 시대에 인간의 뇌가 모든 것을 기억할 수는 없다. 자기관리 차원에서 철저한 메모는 타인으로 하여금 프로라는 인식을 심어줄 뿐만 아니라 스케줄 관리와 지식이나 약속의 착오를 줄이는 중요한 역할을 한다. 또한 21C 아이디어(idea)시대에 순간적으로 떠오른 발상이나 아이디어(idea)는 시간이 지나면 기억할 수 없기 때문에 항상 메모할 것을 휴대하고 다녀야 한다.

한국의 우물을 벗어나, 세계로 눈을 돌리자

글로벌 시대, 영어 공부의 중요성은 더 이상 설명할 필요가 없다. 영어가 안 된다면 일반적인 기업이나 조직구조에서 발붙일 곳이 없다. 영어 잘하는 것 하나만으로 더 좋은 조건의 직장을 찾을 수가 있다는 것은 옛말이다. 언어로 승부하려면 몸값을 두 배로 끌어 올리려면, 최소한 영어 이외에 제2외국어 하나쯤은 필수가 된 세상이다.

성공 리더의 지침

첫째, 네트워크를 구성하라.

미래는 네트워크 사회다. 미국 대통령 선거에서 빌 클린턴이나 조지 부시, 버락 오바마가 당선되리라고 예측한 사람은 그다지 많지 않았다. 하지만 이 세 사람은 강력한 네트워크가 있었기 때문에 상대를 누르고 대통령에 선출되었다. 빌 클린턴은 FOB(Friends of Bill)이라는 네트워크 조직을 가졌고, 조지 부시는 대통령이 된 이후에도 여러 가지 경로를 통해 자신의 네트워크를 유지했다. 버락 오바마는 그의 당선 배경에 진보성향의 단체와 노동조합이라는 엄청난 네트워크 조직을 우군으로 가졌다.

원맨쇼는 없다. 혼자만의 성공은 없다. 팀을 이뤄야 성공한다. 분명 네트워크 비즈니스 사업은 시대 흐름에 걸맞은(멤버십) 사업이다.

둘째, 프로슈머(Prosumer) 시대에 발맞추라.

이젠 한국경제신문 '프로슈머(Prosumer)' 전문 월간지가 나올 정도로 프로슈머(Prosumer)는 일반화된 단어가 되었다.

21세기는 네트워크 시대이다. 생산자이며 소비자인 프로슈머(Prosumer)가 마켓의 주인공이 되고 있다.

소비자들의 수평적 연대(엄길청박사 얘기)에 주목해야 한다. 네트워크 업체를 제대로 알아보고 그 중에서 내가 활동할 회사를 결정하자. 그 다음에는 곁눈질하지 말고 장기적인 네트워크의 기반을 구축해 나가자.

셋째, 포인트 마케팅 시대가 왔다.

일본의 어느 기관에서 실시한 앙케트(enquetes) 조사에 의하면, 40%의 소비자들은 포인트 지급 여부를 근거로 거래창구를 결정한다고 한다. 심지어 20%에 달하는 소비자들은 포인트가 붙으면 가격이 좀 비싸더라도 그 곳을 찾는다고 한다. 이젠 포인트가 금융통화 역할을 하는 시대로 가고 있다. 그 영향으로 일본에선 화폐통화가 감소하는 현상까지 나타났다고 한다. '포인터', '마일러'라는 신조어까지 생기고 있다. 이는 포인트, 마일리지를 좋아하는 소비자들을 칭하는 단어다. 우리나라는 보통 10년 주기로 일본을 따라간다. 일본의 오늘은 우리의 가까운 미래다.

넷째, 편견을 버려라.

미국 UCLA 대학의 의과대학 교수가 강의도중 학생들에게 질문을 던졌다.

'아버지는 매독 균에 걸려 있고 어머니는 폐결핵 환자다. 여기서 아이 넷이 태어났는데, 첫째아이는 매독 균으로 인해서 장님이 되었고, 둘째아이는 이미 병들어 죽었다. 셋째아이는 귀머거리가 되었고 넷째아이는 결핵 환자다. 이런 상황에 어머니가 또 임신을 했다. 이런 경우에 그대들이라면 어떻게 할 것인가?' 학생들은 입을 모아 대답했다. '유산시켜야 합니다.' 그러자 교수는 '그대들은 지금 베토벤을 죽였다.'고 말했다. 우리가 아는 악성 베토벤은 바로 이런 환경에서 태어나 57년 동안 작곡 활동을 했다.

무릇 우리 인간이 판단과 사고가 얼마나 어리석고 잘못되기 쉬운가를 알아야 한다. 모름지기 인류의 역사가 어떻게 이루어지고 있는가를 생각하고 겸손하게 신중하게 생각해야 한다.

자투리시간 활용법

자신만을 위한 시간을 갖자 자신만의 생각하는 시간을 갖자. 그중 점심시간을 잘 활용하자. 모든 자기계발은 스스로를 인식하는 데서부터 출발한다. 회사가 원하는 사람을 생각하지 말고 당신이 진정으로 원하는 것이 무엇인지를 깨닫자. 올바른 계획의 설정은 여기에서부터 시작된다.

점심시간과 퇴근 이후의 1~2시간 계획을 세우자.

당신의 점심시간 퇴근 후의 1~2시간을 연간 계획으로 구성해 점심시간 시간용 다이어리를 따로 마련하자.

10분 매뉴얼을 준비하라. 10분 동안 당신이 할 수 있는 일들을 매뉴얼로 만들어라. 시간이 없어서 한 가지 일밖에 할 수 없다는 생각을 버려야 한다.

자 이제 많은 사람을 사귈 수 있는 인테크와 시테크의 기본인 여가시간 자투리 시간의 활용을 해보자. 1시간 또는 30분간의 여유시간은 여러 일을 하기에 충분한 시간이다. 10분에서(6등분) 20분(3등분) 단위로 시간을 쪼개 할당하라. 당신의 점심시간이 더 풍요로워질 것이다.

자기계발을 위해 공부하자. 부지런을 떨려면 새벽시간을 이용하라. 우리는 새벽시간을 이용한 수많은 성공 스토리를 접하고 있지 않은가! 점심시간의 학습은 진도를 나가는 것이 아니라 부담 없는 복습 위주가 돼야 한다. 그 시간 당신의 에너지는 먹고 소화 시키는 위장이 주로 사용하기 때문이다.

Do it list를 작성하자. 가장 먼저 회사에 와서 작성해야 할 것은, 오늘 어떤 일을 할 것인지, 시간을 언제 낼 수 있는지 효과적인 시간 배분이 우선이다. 되도록 퇴근 후 1시간과 점심시간을 자유롭게 활용할 수 있도록 그 시간을 제외한 오전 오후에 일을 배분하여 일을 처리하면 일처리는 물론 자기개발을 효과적으로 할 수 있게 도와준다.

이젠 평생직장이란 없다. 오직 남다른 경쟁력으로 당신을 보호해야 한다. 그러자면 시간을 내서 당신의 지식, 경험, 경제력, 인적 관리를 해야 한다. 하루 한 시간씩 5년이면 석사 학위 두 개를 딸 수 있는 시간이다.

당신의 미래를 하찮은 자투리 시간이 좌우한다고 생각한다면 지금부터, 아침 8시에서 9시면 어김없이 사무실 책상에 앉아 있어야 하고, 바쁠 때는 쌓여 있는 업무로 인해 야근을 밥 먹듯이 하는 생활을 해야 한다. 그렇다고 손 놓고 회사만 오고 갈 수는 없는 노릇이다. 자기계발을 위해 또는 업무능력을 높이기 위해 시간을 투자해야 한다. 직장인이라면 누구나 한가지쯤 자기계발 및 관심 분야에 대해 시간을 투자하고 싶은 욕구가 늘고 있는 추세이다. 자투리 시간을 쪼개 갈고 닦아야 실력이 있다는 소리 듣고 경쟁에서 살아남기 때문이다.

샐러던트란 샐러리맨(salary man)과 스튜던트(student)의 합성어로 '공부하는 직장인'을 뜻하는 말한다. 직장을 다니고 있는 사람들이 새로운 영역이나 자신의 분야에서 보다 전문성을 확보하기 위해서 지속적으로 공부하고 있는 사람들이다. 이렇게 공부하는 직장인들이 많이 늘어나고 있는 것은 현실 생활에 불안감을 느끼고 있거나 미래에 보다 나은 직업을 가지기 위한 몸부림이라고 할 수 있다. 특히 주 5일제가 도입이 되면서 자기 계발을 할 시간이 늘어남에 따라 이러한 현상은 더욱 가속화되고 있는 것이다.

 인터넷 직업소개 전문 사이트에서 직장인 2,105명에게 '2008년 새해 소망'이라는 설문 조사를 실시하였다. 그 결과 응답자의 24.4%가 '자기계발'을 첫 손가락에 꼽았다고 발표했다. 이 처럼 샐러던트 열풍은 점점 거세지고 있는 추세다. 시대적 흐름 때문인지 주위에서 업무 속에서도 자투리 시간을 아껴 취미를 즐기거나 공부하는 직장인들을 쉽게 찾아 볼 수 있다. 출근 시간보다 1시간 빨리 일어나 피트니스 센터에 등록해 몸매 관리와 건강을 위해 열중하거나 골프나 수영 등을 배우는 사람들이 있는 가하면 가까운 어학 학원에 등록해 비즈니스 영어회화, 중국어, 일어 기타 외국어 등에 도전하는 직장인들도 많다. 학원에 가지 않고 인터넷이나 학습지를 활용해 외국어 공부를 하는 가하면, 백화점 문화센터에서 진행되는 마술, 요리 수업, 와인이나 커피 클래스에 참여하는 자신을 업그레이드 시키는 직장인들도 늘고 있다.

 하루에 1시간 투자로 미래를 바꿀 수 있는 최고의 기회를 맞이할 수 있다. 하지만 현실적으로 직장 생활과 자기 계발을 위한 공부나 취미를 병행하기란 결코 쉬운 일이 아니다. 요즘 많은 직장인들은 점심시간을 가장 많이 활용한다. 점심을 일찍 해결하고 사무실에 들어와 외국어 공부를 한다거나 관련 서적을 읽기도 하고, 가까운 학원에 등록해 바이올린, 기타, 피아노, 미술 등 예술적 취미를 즐기는 직장인들도 늘고 있다. 그래서 최근 점심시간을 활용한 학원, 운동센터, 백화점 문화센터, 동사무소 등의 지역주민센터, 정부교육기관에서 운영하고 있는, 요리, 와인, 가구공예, 댄스, 노래교실, 꽃꽂이, 제빵 등의 강좌를 듣는 직장인들도 많다. 새로운 것에 대한 배움은 자기계발 목적이 가장 뚜렷하지만 평범하고 밋밋한 직장 생활 속에서 활력소를 불어 넣기 위해 취미로 즐기는 사람들도 많은 부류를 차지하고 있다. 그리고 관심을 모으고 있는 것이 다양한 '사이버 교육'들이다. 이중 사이버 교육프로그램이 인기가 많은 것은 기업이 원하는 실무 위주의 재교육을 받을 수 있는 사이버대학에서부터 인터넷을 통해 해외 MBA 학위 취득까지 가능한 원격 교육 프로그램을 제공하는 곳까지 콘텐츠가 다양하기 때문이다.

최근 일부기업에서 출퇴근 자율체제로 하루 편안한 시간대에 본인이 직접 알아서 하루 8시간을 근무하도록 '자가 업무 시간관리 및 출·퇴근 자율방식으로 시범 운영중인 회사가 있다.' 참 좋은 취지이고 일부기업을 제외하고 점점 모든 기업으로 확대되었으면 하는 바람이다. 기업이 개인의 인생을 끝까지 책임지는 평생직장이 없어진 요즘의 상황에서는 기업이 사원들에게 자기계발 할 수 있는 기회를 주어야 마땅하다고 본다.

또한 현재 일부 제조업을 빼고 대부분의 사업영역이 인터넷의 발달로 재택근무도 가능하다. 형태, 성향, 특성, 구조 등 모든 분야에서 변화했기에 획일적인 출퇴근 시간의 강제조항은 의미가 없다. 변화의 시대 대기업의 출퇴근 강제조항은 사원들의 자기 계발 측면에서 불필요하다고 본다. 사원을 통제하는 것은 그들을 필요, 적절한 노예쯤으로 취급하는 횡포라고 생각된다. 자기 계발을 통한 중차대한 인생의 미래대안을 출퇴근 통제로 가로막고 있는데 가능하다면 업무에 지장이 없는 선에서 자율출근시간으로 선택적 시간의 자유를 인정해야 하는 것이다. 출퇴근 독소조항은 정보화 시대에 시간의 자유를 속박하는 인간의 기본적인 삶의 질을 떨어뜨리는 불필요한 조항 중에 하나다. 자율출근이 자기 계발로 이어진다면 기업의 자율성장으로 이어질 수 있다. 이는 자기개발에 대한 시간의 여유가 생기면 직장생활의 활력이 될 수 있고 참신하고 획기적인 아이템(item)으로 기업의 경영촉진과 기업의 생산성을 향상시키는데 일조할 것으로 본다.

아침에는 이른 출근 시간 때문에 정신이 없고 퇴근 시간에는 지친 심신을 거두기에도 바쁜 직장인들이 점심시간을 이용해 직장 근처 피트니스 센터나 요가 학원을 많이 찾고 있다. 이런 직장인들의 상황을 반영해 회사가 몰려있는 피트니스센터나 요가학원은 점심 강좌를 많이 늘리고 있는 추세다. 30분~1시간 동안 땀을 흘리다 보면 피로와 스트레스를 해소할 뿐 아니라 오후 업무 능률도 올릴 수 있는 체력과 맑은 정신까지 챙길 수 있다.

■ 사이버 대학교에서 새로운 학위 취득

디지털대학 20~30%가 직장인으로 이들로부터 자기 계발 장소로 사랑받고 있다. 국내에는 다양한 사이버대학교가 있다. 학교별로 전공도 다양하지만 무엇보다 실용주의 학문이 많다는 것이 특징이다. 등록금의 경우 학교별로 차이가 있지만 일반적으로 한 학기당 100만 원 선으로 사립대학의 3분의 1 수준이고 자매결연이나 협약을 맺은 기업의 회원이나 자녀들에게는 교육비 할인폭도 더 넓은데 참고로 "NWM"의 모 회사에 회원등록을 하면 장학금 혜택을 받을 수 있다.

■ 외국어 익히기

직장인이라면 누구나 평생 지니고 사는 것이 외국어에 대한 고민이 아닐까. 특히 영어 오픽(opic), 토익스피킹테스트(tst), GST(G-TELP)성적 향상의 바람들은 누구나 갈망하는 것이다. 이러한 직장인들을 위해 외국인과의 업무가 빈번하고 사내외에서 영어 프레젠테이션 기회가 많은 비즈니스맨에게, 실시간으로 해외 현지인과 온라인 강의 콘텐츠(Content)를 제공하고 있어 외국어 언어능력개발의 소망이 이루어질 것이다.

■ FX 외환금융, 재테크, 세무, 투자 전문교육 프로그램 인터넷 교육과 경매(부동산)관련 학습

FX 외환금융의 모의 투자를 통해 3~4개월 경험을 쌓으며 공부하면서 외환 금융투자에 하루1~2시간 자가 학습을 통해 재테크기술을 익히는가하면, 금융 전문교육사이트 등에서 제공하는 투자정보, 부동산, 폭넓은 지식을 제공하고 있다. '돈 되는 부동산 경매'의 경우 부동산 재테크 수단으로 각광받고 있는 부동산 경매의 이론적 기반을 다지고 사례분석, 모의투자 등을 곁들여 실질적인 부동산 경매 투자 전문가로 성장하도록 도와주고 있어 직장인등에게 인기가 있다. 그밖에 금융권 FP, 투자상담사, 증권투자에 관심있는 이들을 대상으로 실무자의 이론적 바탕과 투자 분석의 틀을 마련해주는 '주식투자전략' 강좌 등이 마련되어 있다.

■ '회계학원' 회계 및 세무 실무자 양성교육과정

100% 국비보조로 진행되는 '중소기업 실무자' 교육과 '이직 예정자 직업훈련교육' (자비 20% 부담) 등의 재직자 훈련과정도 진행 중이다. 특히 직장인들을 위한 주말빈(토 · 일요일)도 대부분 운영하고 있다

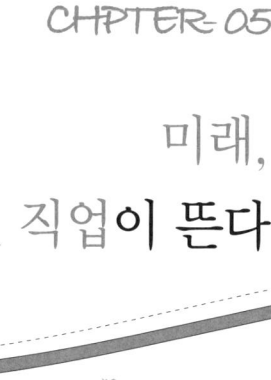

CHPTER- 05

미래,
이런 직업이 뜬다

미국을 보면 한국이 보인다

 미국의 가까운 미래는 한국의 장기적인 미래이기도 하다.
 미국 노동부의 2004년 2월 27일 통계발표에 의하면 인구분포도, 노동력, 제품과 서비스의 수요를 파악해 미래의 직업군이 설정된다. 자본주의경제 속성에 따라 많은 사람들이 그 방향으로 신속히 자리를 옮기게 된다. 고령화 사회가 건강 의료 서비스 산업의 발전을 가져와 2002년에서 2012년까지 미국의 고령인구는 2천 4백만 명이 증가하게 된다. 한국도 초고령화 시대로 급속하게 진입하고 있다는 것을 주목하면서 비교해 보길 바란다. 2002년부터 2012년까지의 16~24세까지의 청년층 인구는 7%정도 증가하지만, 55~64세까지 인구는 43.6%를 차지하면서 1억 1,500만 명의 베이비붐(1946~1965) 인구가 노령화되고 35~44세 인구는 극적으로 감소하게 된다. 여성 노동력은 남성 노동력보다 신속히 증가하고 있다. 2002년에서 2012년에는 남성 노동력이 10% 증가하지만 여성노동력은

14.3%가 될 전망이다. 전체 노동력에 남성이 53.5%에서 52.5%로 감소하고 대신 여성은 46.5%에서 47.5%로 증가할 예정이다. 16세에서 24세까지의 청년층 노동력은 2012년까지 15%로 약간 감소할 예정이며, 25~54세까지의 인구는 70.2%에서 2012년에는 65.9%로 감소한다. 참고적으로 전 세계적 개발도상국 이상 선진국일수록 젊은이들은 평생직장을 구하는 것보다 돈을 많이 버는 자신의 개인 사업을 희망하는 것으로 나타났다. 정보의 양이 폭포처럼 엄청나게 쏟아지는 정보화 사회 경제 생산성의 많은 부분이 정보화 지식화 산업에 집중하게 되기 때문이다.

직업의 변화는 가족구성원의 변화와 환경적인 변화 요인.

직업의 변화에는 가족구성원의 변화와 이로 인한 교육의 트렌드 변화, 법의 역학 관계의 변화 등의 요인들이 저마다 역할을 한다. '조세프 코우츠'의 '2025, 미국과 지구촌의 과학과 기술 발전으로 인한 각종 시나리오'란 저서에서 2025년의 가족형태는 현존하는 가족형태와는 달리 다양한 가족구조의 혼재를 예측했다. 우선 nonfamily, 비가족으로 한집안 구성요소가 되는 가족형태는 그룹 홈, 공동체(communes), 동거 등으로 이루어지는데 결국 크게는 혈연과 비혈연 두 가지로 나뉜다. 첫째, 초혼 재혼으로 의붓가족 등 혈족으로 이루어진 가족이 있다. 둘째, 혈연관계가 전혀없이 취미가 같은 동호인들, 동성인들 또는 공동체그룹이 있다. 최근에는 애완동물도 가족, 이런 비혈연 관계의 가정이 일반화될 경우에 사회복지체계의 기준이나 사회복지혜택에 대한 개념이 현존하는 개념과 완전히 달라질 수 있고 다양한 법 개정 등이 뒤따르게 된다. 법 개정과 함께 새로운 직업군들이 대거 창출될 것이다. 미국의 취업인구는 2002년에 1억 4천 4백만에서 2012년에는 1억 6천 5백만 명으로 증가하여 14.8% 증가율을 보이며, 2012년까지 2천 1백만 개의 직종이 새로이 탄생하게 된다. 이런 직종이 각 주요산업이나 주요 직업군단에 골고루 늘어나는 것이 아니라 수요자 즉 고객인 소비자요구, 여성의 니즈, 산업기술의 변화 그 외 여러 변수 즉 미국경제에서의 취업구조 등이 변수로 작용할 것이다.

산업부문에서는 지속적으로 제조업에서 서비스 산업으로 완전히 전환되었다. 2012년까지 새롭게 탄생하는 임금이나 월급 받는 직종 2,160만종의 직업 중 2,080만개의 직업에 여성의 강점 영역인 서비스산업에서 탄생된다. 교육과 의료보건 서비스가 가장 빨리 확장되는 직종으로 다른 어느 분야보다 더 많은 신종 직업이 개발되어 31.8%의 성장을 보일 보건관련 직종 즉 헬스케어, 사회복지 보조, 개별학습서비스 분야가 될 것이다. 실버산업의 발전은 의료보건과 사회복지분야의 개인병원 간호 가정위탁시설, 개개인의 맞춤서비스 등이 32.4%로 늘어날 것이며 440만개의 새로운 직종이 탄생하게 될 것이다. 이는 인구의 고령화에 의해 의료보건이나 사회복지에 대한 수요가 증가하기 때문이며, 여성 노동력이 경제활동인구로 포함되면서 아동보육복지서비스의 수요가 많아지기 때문이다. 가족의 건강과 교육의 기조를 만들어가는 가족 안에 핵심주체인 여성의 역할을 볼 때 그녀들의 역할과 일이 많아질 것이고 이것이 직업으로 나타날 것이다.

미국의 공교육서비스의 한계에서 벗어난 개별적인 맞춤교육서비스는 2012년까지 759천개의 새로운 직종이 탄생하면서 서비스 수요가 28.7% 증가한다. 연령에 상관없는 다양한 교육과정에의 수요증가에 따른 것이다. 전문직 비즈니스 서비스, 네트워크비즈니스는 미국 경제가 필요로 하는 산업발달을 중심으로 특히 500만개의 새로운 직종이 탄생하면서 서비스 수요가 30.4% 증가하게 된다. 환경과 관련하여 폐기물 운영이나 치료교육을 지원 관리하는 직업도 2012년에는 280만개의 신직종이 탄생하면서 이 직종수요가 37%정도 증가할 예정이다. 이 분야에서의 취업관리서비스는 신직종의 2/3를 차지하며 증가직종의 54.3%를 차지하게 될 것이다.

취업관련 직종이 가장 신속히 증가하는 직종이며 가장 많은 신종직업을 탄생시킬 것이다. 전문가 과학자, 기술자 취업관련 직종은 2012년까지 190만 개가 늘어나서 27.8%의 증가율을 보일 것이다. 결론적으로 고령화에 따른 헬스케어와 바이오 그리고 다양한 가족관계, 새로운 정보화 사회에서의 법률구조에 따른 수많은 신생직업군과 교육영역을 비롯한 여러 영역, 환경에 따른 변화에 대응하기 위한 수많은 사업들이 탄생하여 발전할 것이다.

인구감소 또는 인구증가, 다문화사회, 사회복지, 과학발전, 다양한 또는 새로운 가족관계, 핵가족연구에서 편부편모 가족과 아동들의 욕구, 이혼과 별거를 통해 재구성된 혼합가족(blended families), 재혼가족(stepfamilies), 융합가(second families), 대체가족(alternative family/others) 동성애가족과 아동, 인공수정 등을 통해 탄생한 가족 등 신기술로 인해 현존하는 가족구조와 다른 형태의 가족구조가 탄생하게 된다. 이로써 가족구성원의 구별이 불분명하고 아동의 책임소재가 불분명하고 보호받아야 할 아동을 지역사회나 정부가 아동보호를 책임져야 하는 문제점의 대안으로 아동과 부모교육 프로그램이 개발된다.

다양한 가족구성원으로 구성된 가족이 속출하고 이로 인한 국가적인 부모 교육 프로그램의 필요성과 가정교육의 중요성이 재강조되고 있다. 다시 한번 강조하지만 가족의 구성의 변화는 새로운 교육 트렌드와 복지의 변화를 또한 법의 역학적 변화를 예고하며, 새로운 영역의 직업군들이 대거 출현될 것이다.

여성의 유망직종

미래 가족, 여성, 부모, 아동, 복지, 교육 등에서 새로운 패러다임의 법과 관계성은 신생직업군이 탄생을 예고한다. 청년 실업문제가 남녀에게 따로 적용되는 것은 아니지만 지속되는 장기 구직난 시대에 여성에겐 좀 더 현명한 취업전략이 필요한 때이다. 채용공고에 남녀 차별 조항이 사라졌지만 실제 채용시장에선 여전히 여성이 남성 구직자에게 밀리는 게 현실이다.

어떤 직종, 어떤 직업이 여성에게 문을 열고 있는지, 또 능력을 발휘할 수 있는 기회가 보장되어 있는지 눈과 귀를 열고 부지런히 정보를 수집하는 노력을 게을리하지 말아야 한다. 앞으로 지속적으로 여성의 직업 영역이 확대될 것이다. 높지 않은 특징이 있다. 또한 여성적 특성을 잘 살릴 수 있는 업무 특성 때문에 채용할 때 여성을 선호하는 경향이 있다. 이렇게 여성에게 문을 열고 있는 직종에 도전하면 그만큼 취업확률을 높일 수 있다. 어학을 활용하는 분야, 마케팅, 홍보, 온라인 사업, 상담직, 디자이너, 전문비서, 영업 등은 최근 여성의 진출이 두드러진 분야이다. 실제로 여성이 남성에 비해 더 유리한 직종이라고도 할 수 있다. 뿐만 아니라 취업 이후에도 노력한 만큼 능력을 인정받을 수 있다는 장점이 있다.

일반적 노동에너지가 상대적으로 많이 필요한 제조업이나 남성 중심적 직종의 경우 여성 채용을 꺼리기도 하지만 설사 취업이 되었다고 해도 같은 능력을 발휘했을 때 남성보다 능력을 인정받기가 쉽지 않다. 따라서 여성들은 직업을 선택할 때 자신의 적성과 희망사항도 중요하지만 지원하는 회사의 기업환경 역시 미리 따져봐야 할 것이다. 또 규모가 비교적 큰 회사일수록 남녀차별이 적다는 것도 참고하기 바란다. 유망직종이라고 해서 무조건 미래가 보장되는 것은 아니다. 지금 이 순간도 새로운 직종이 태어나고 있으며, 직업은 갈수록 빠르게 전문 분야별로 세분화하는 양상을 보이고 있다. "새로운 변화에 빠르게 적응하는 능력을 갖출 때 자신이 일하는 분야가 곧 유망직종이 될 수 있다."

앞으로 10년, 2020까지의 성장가능 직업군을 보려면 현재 청소년들의 생각과 그들의 관심, 꿈을 펼쳐보면 미루어 짐작이

가능하다. 우리나라의 경우 1960~70년대에는 많은 사람을 통제할 수 있는 조직의 힘을 선호하여 정보부, 군장성, 장교, 검찰, 경찰간부 등이 당시의 시대를 살아가는 아이들과 젊은 세대의 선망의 직업이었다. 1980년대에 들어와서는 '의사, 약사, 간호사, 변호사, 회계사, 변리사, 판사, 외교관, 과학자, 발명가, 은행원'이 관심 직업이었다. 1990년대 말에서 2000년 초기까지 청소년들은 엔터테이먼트 분야의 가수, 탤런트, 연기자, 희극인, 컴퓨터 산업, 인터넷게임, 디자이너, 영화감독, 영상관련산업 분야로 자신의 끼를 발산하고자 한다. 모든 사람의 선망의 대상이 될 수 있는 다양한 분야로 무대형 직업군으로 이동하는 것이다.

청소년의 흥미로운 직업세계에 우리가 알지 못하거나 알고 있다고 해도 아직 경험하지 못한 분야의 신생직업군과 미래 유망 직업군 몇 가지를 소개한다.

(노동부 워크넷 http://www.work.go.kr)

■ 여성들도 브루마스터에 도전하라

2002년 2월 1일부터 개정된 주세법에는 업소에서 맥주를 만들어 판매할 수 있도록 법규가 완화되면서 하우스맥주 전문점들이 많이 생겨나고 있다. 기존의 대형맥주 회시로부터 맥주를 공급받아 운영하는 맥주점과 달리 하우스맥주 전문점에서는 맥주제조에서 판매에 이르기까지 동일한 매장에서 맥주가 만들어지는 제조공정을 관리하는 사람을 브루마스터라 부른다. 커피 바리스타와 비슷한 면이 있다.

맥주를 제조한다는 점에서 맥주공장에서의 제조와 크게 다르지 않다. 그러나 맥주공장에서는 수행하는 일이 세분화되어 각각 다른 사람이 일하지만, 이곳 하우스 맥주 전문점에서는 브루마스터가 모든 공정을 관리한다. 소형맥주제조공장이라고 생각하면 된다.

유통과정 중, 맛의 변질을 방지하기 위해 필터로 효모를 걸러내고 열처리로 살균하는 공장의 맥주와는 달리, 하우스맥주는 동일한 곳에서 제조와 판매가 동시에 이루어지기 때문에 물리·화학처리가 필요없다. 따라서 맥주가 걸죽하며 효모, 단백질, 비타민B, 미네랄 등이 그대로 녹아 있어서 영양과 신선함이 살아있는 웰빙 음주문화를 만들 수 있다.

맥주마이스터, 양조기술자, 맥주양조사 등으로도 불리는 이들은 우리 입에 알맞은 맥주의 타입을 결정하고, 맥주의 주재료인 효모와 맥아, 홉 등을 감별하는 것부터 맥주가 나오기까지의 모든 맥주제조 과정을 책임진다. 따라서 브루마스터의 역량과 개성에 따라 맥주의 맛이 달라진다고 할 수 있다. 브루마스터는 맥아, 효모, 홉 등의 맥주재료를 감별하고, 맥아를 담금에 사용될 수 있도록 분쇄기를 조작하여 분쇄한다. 맥즙을 여과하여 끓인 후 효모를 첨가하고, 발효시키는 전반적인 맥주제조 공정을 관리한다. 이에 따라 분쇄기, 여과기, 담금탱크, 저장탱크 등을 조작하고 맥주 맛을 시음하거나, 당도와 산성도(Ph) 등을 측정하여 발효 및 숙성의 진행정도에 따라 온도와 압력을 조절하는 등 전체 제조과정을 혼자서 담당하게 된다. 이렇게 만든 맥주는 발효기간 1주, 숙성기간 2~3주 등 대략 1개월이 경과하면 마실 수 있다.

■ 푸드스타일리스트

여성의 오감과 비쥬얼적 측면에서 본다면 최고의 직업 중에 하나다. 요리에 예술적인 감각을 불어넣는 요리디자이너, 푸드스타일리스트. 이들은 음식에 시각적인 생명을 불어넣어 요리를 먹음직스럽고 아름답게 형상화 하는 일을 한다. 아무리 요리를 잘 만든다고 해도 그 요리가 먹음직스럽게 보이지 않는다면 사람들은 쉽게 손이 가지 않을 것이다. 이 때 맛있는 요리를 더욱 맛있고, 멋있게 만드는 사람이라고 할 수 있다. 음식이 놓일 테이블 공간의 분위기를 만들고, 어울리는 소품으로 아름답게 꾸미는 일을 한다. '테이블코디네이터' 라고도 불리는 이들은 사회적 교류와 대화의 장으로서 중요성을 더해 가는 테이블 공간을 그 목적과 기능에 맞는 공간으로 디자인하고 연출·조정하는 일을 한다.

또 조리사가 만든 요리의 특징을 고려하여 어울리는 그릇에 담는다. 요리만을 전담하는 조리사가 따로 있을 수 있으나, 계획한 음식을 조리도 하고 보기 좋게 담는 일까지 푸드스타일리스트가 한다. 방송프로그램이나 영화, 잡지, 광고 등에서 재료의 특성을 최대한 살려 음식이 카메라 앞에서 최상의 아름다움을 보일 수 있도록 연출한다. 최근 많이 생겨나는 외식업체에서 메뉴의 특성과 색상을 고려하여 메뉴를 개발하거나, 이에 어울리는 소품을 준비하는 것도 모두 푸드스타일리스트의 몫이다. 푸드스타일리스트는 호텔 및 외식업체, 식품업체에 소속되거나 프리랜서로 일한다. 식품매장 및 업체에 소속되어 유행식품의 코디네이션, 메뉴개발, 식기연출을 하거나, 레스토랑, 호텔의 식공간 디자인, 그 밖에 책, 광고, 드라마 등에서 요리촬영장을 디자인하는 일을 한다. 대부분 여성들이 일하고 있으며 활동분야가 다양해서 보수 차이도 많다. 보는 이로 하여금 시각, 후각, 청각 등 오감을 만족시킬 수 있도록 먹음직스럽고 맛깔스럽게 보이도록 연출해야 하므로 요리 또는 만드는 법을 보고 결과를 예측할 수 있어야 한다. 또한 음식물에 따른 식기 및 소품선택 능력이 중요하다.

본인의 개성을 가지고 얼마나 세련되고 먹음직스럽게 연출하느냐가 이들의 능력을 평가하는 기준이 된다고 할 수 있다. 따라서 기본적으로 테이블 매너, 꽃꽂이 기술 이 외에도 세계

역사나 문화변화, 패션 경향 등 다양한 분야에 항상 관심을 가져야 하는 것도 이런 이유라고 할 수 있다.

■ 애완견 옷 디자이너

아이들에게 예쁜 옷을 입히고 싶은 부모의 욕구와 같이 최근 애완동물 시장이 커지면서 자신이 키우는 애완동물에게 더 예쁜 옷을 입히고 싶은 주인들의 욕구가 증가하고 있다. 길을 걷다가도 애견 옷가게를 그냥 지나치기 힘들 정도로 인간의 옷을 축소해 놓은 듯한 귀여운 옷들이 많이 진열되어 있다. 새로운 가족체계에 애완견 옷 디자이너 미래 유망직종으로 이렇게 전문적으로 애완견 옷을 디자인 하는 사람들이 애완견 옷 디자이너이다.

인간의 옷을 만드는 과정과는 크게 다를 바 없다. 품목(아이템)을 결정하여 디자인하고, 원단 및 액세서리 부속품을 선택하여 견본의상을 제작한다. 이를 마네킹 혹은 직접 애완동물에게 입혀보고 수정을 한 후 최종 디자인을 확정하여 완성품을 만든다. 이들은 대부분 영세하지만 자신만의 고유 브랜드를 가지고 옷을 디자인하고 있으며, 만들어진 옷은 온라인으로도 많이 판매하고 있다.

애완동물은 털이 있기 때문에 털에 의한 정전기, 피부병 등을 고려하여 면소재의 원단을 사용하는 것이 좋다. 입으로 물어뜯지 않을 부속품을 선택해야 하므로 수시로 시장조사를 하고, 관련 자료를 수집·분석하여 디자인의 아이템을 결정한다.

　최근에는 주인과 애완동물과의 커플룩, 드라마 혹은 영화에서 등장인물의 의상 등 다양한 아이템을 쉽게 볼 수 있으며, 소비자의 의뢰로 애완동물에게 어울리는 옷을 특수제작 하기도 한다. 현재 국내에 활동하고 있는 애완견 옷 디자이너의 수에 대한 통계자료는 없다.

　이들은 보통 애완견 옷 전문점을 자영한다거나 애견옷전문점에 소속되어 일하고 있다. 대부분 애완동물을 사랑하고 디자인 감각을 갖춘 20~30대 여성이 활동하고 있다.

　경제소득 증가에 따른 생활수준 향상과 핵가족 및 독신인구의 증가로 2000년대에 들어 애완동물 시장은 급성장을 했고, 특히 월드컵 이후 애완동물에 대한 관심이 증가했다고 한다. 애완동물을 기르는 인구 증가와 자신의 애완동물을 예쁘게 꾸미려는 경향도 점차 증가하고 있어 애완동물 옷의 수요는 꾸준히 증가할 것으로 보인다. 최근에는 일본, 대만 등에 수출이 늘고 있으나 아직까지 애완동물의 옷은 보온의 의미가 강하므로 봄·여름은 비수기라고 한다. 개성이 강해지는 소비자의 욕구를 맞추기 위하여 패션경향과 유행 감각을 갖추어야 하며, 애완동물의 특성을 잘 파악하여 제작할 수 있어야 한다.

■ 쇼콜라티에(Chocolatier)

초콜릿으로 인형, 트리, 촛대 등 다양한 작품을 만드는 사람들이 있다. 바로 '쇼콜라티에'다. 우리나라에서는 생소한 직업이지만 초콜릿의 역사가 오래된 유럽 등지에서는 400여년의 역사를 자랑하는 직업이라고 한다.

발렌타인데이나 크리스마스와 같은 각종 기념일에 예쁘게 포장된 초콜릿을 선물하거나 받아본 적이 있을 것이다. 먹기에는 너무 아깝다는 생각이 들 정도의 아름다운 초콜릿. 이렇게 투박한 초콜릿 덩어리를 보다 맛있게, 그리고 보다 멋있게 예술작품으로 변화시키는 사람들이 쇼콜라티에(Chocolatier)이다.

이들은 '초콜릿 아티스트', '초콜릿 공예가', '초콜릿 장인' 등으로 다양하게 불리며, 초콜릿에 나만의 색깔과 디자인, 이미지를 불어넣어 하나의 작품을 만들어 내는 예술적인 일을 한다. 먼저 덩어리 초콜릿을 잘게 썰어 뜨겁지 않은 따듯한 물에서 서서히 녹인다. 그 후 미리 오븐이나 전자레인지에 살짝 구워서 수분과 비린내를 제거한 아몬드, 피스타치오, 건포도 등의 부재료를 따듯한 물에 녹인 초콜릿, 생크림 등과 혼합한 후 식힌다. 호일 등으로 만든 틀에 부어 3~4시간 동안 냉동 혹은 냉장 보관하면 하나의 먹음직스런 초콜릿이 만들어 진다. 굳힌 초콜릿을 먹기 좋게 잘라 놓거나 장식을 하고, 보다 먹음직스럽고 아름답게 보이기 위해 예쁘게 포장하는 것도 이들의 중요한 일이다. 간단한 작품의 경우 몇 시간에 끝나기도 하지만, 몇 개월의 오랜 시간을 투자하여 만드는 예술작품도 있다. 초콜릿은 온도와 습도에 민감하기 때문에 작업환경은 15~18℃ 정도로 시원해야 한다. 기술 습득으로 끝나는 것이 아니라 배운 기술을 다방면에 응용하여 자신만의 작품세계를 그려나간다면 더욱 실력 있는 쇼콜라티에가 될 것이다. 최근 건강산업이 이슈화되면서 웰빙 시대에 접어들어 보기에도 좋고 먹기에도 좋은 음식들을 찾는 사람들이 증가하고 있으며, 점차 수제 초콜릿 산업에 대한 관심도 늘고 있다. 또한 우리나라 사람들은 꼼꼼하고 손재주가 좋아 외국으로의 진출도 기대할 수 있다. 따라서 아직은 생소한 직업이지만 향후 쇼콜라티에의 수요가 늘어날 것으로 기대된다. 그러나 전문적으로 배울 수 있는 교육기관이 많지 않고, 비싼 재료비나 배우는데 소요되는 비용부담 등으로 인해 이 직업을 준비하는데는 어려움이 있다.

 초콜릿을 일상적으로 즐기는 외국인들과는 달리 아직 우리나라에서는 발렌타인데이나 크리스마스와 같은 특별한 날에만 초콜릿을 찾는 편이다. 따라서 우리나라에서도 디저트 문화가 형성되고, 우리나라 사람들의 입맛에 맞는 초콜릿을 만드는데 노력을 기울인다면 이 직업은 활성화 될 것이다. 또한 초콜릿 시장은 원료, 부재료, 포장 등의 연계산업으로까지 영향을 미쳐 관련 산업의 수요에도 긍정적인 영향을 미칠 것으로 보인다.

■ 토피어리(moss topiary)

"앗~ 인형같이 생겼는데 몸에 식물이 심어져 있네."

공원이나 놀이동산에 자리 잡고 사진의 배경이 되어주는 예쁜 식물조형물을 본적이 있을 것이다. 이것은 물이끼를 이용한 토피어리 작품이다. 창작력을 발휘해 가지각색의 조형물을 만드는 사람이 바로 '토피어리 디자이너'이다.

빽빽하게 지어진 빌딩과 건물들, 쭉 뻗은 도로와 수많은 차들로 삭막해진 현대 사회에서 푸른 식물과 나무 등 친환경 자연의 중요성은 점점 커지고 있다. 자연 친화적 소재가 유행하고 있는 요즘, 수작업을 통해 식물을 활용하여 테디베어부터 공룡, 돌고래, 사람에 이르기까지 입체적인 형태로 다듬은 조형물이 시선을 끌고 있는데, 이러한 조형물을 토피어리(topiary)라 부른다. 여기에는 외국 영화 속 저택에서 보았던 깔끔하게 가꾼 정원에서부터 놀이공원의 동물캐릭터 모양의 식물조형물, 그리고 심지어 크리스마스트리까지도 포함될 수 있다. 유럽에서 정원수나 울타리 다듬기로 시작한 토피어리는 20세기에 들어서면서 실내 장식용으로 이용되기 시작하였는데, 소형 토피어리가 유행하였던 일본을 거쳐 우리나라에 소개되면서 오늘날 조경 및 장식의 한 분야로 정착되었다. 일본의 영향을 받아 초기에는 단순하고 아기자기한 소형 토피어리가 주로 제작되었으나 현재는 대형 토피어리까지 조형되는 단계로 발전되었다. 이끼, 나무, 꽃 또는 식물 등 사용하는 재료에 따라 모스, 트리, 플라워, 플랜트 토피어리 등으로 구분된다.

　우리나라에서는 대부분 이끼를 이용한 모스 토피어리(moss topiary)를 토피어리라고 칭하며 그 의미를 제한하여 사용하고 있다. 이러한 토피어리를 조형하는 사람이 바로 토피어리 디자이너이다. 이들은 장식효과뿐 아니라 습도조절에도 탁월한 토피어리 조형물을 만들면서 토피어리를 취미문화의 한 영역 그리고 예술분야의 한 전문분야로 자리잡아가고 있다. 우선 토피어리 디자이너는 조형할 모형의 디자인을 구상한다. 소형의 경우 디자인 구상부터 조형물 완성까지 혼자 하는 것이 일반적이다. 그러나 놀이공원이나 기업, 관공서 등에서 하나의 테마를 주제로 대형 토피어리를 의뢰하는 경우 여러 디자이너들이 아이디어회의를 통해 콘셉트를 정하게 된다. 그 후 컴퓨터를 이용한 3D작업을 통해 몇 개의 시안을 만들고 난 후 고객과의 협의를 거쳐 최종안을 선택하여 조형작업을 시작한다. 디자인의 크기에 따라 와이어(철사)를 이용하여 조형의 프레임(틀)을 만든다. 그리고 압축 건조되어 있는 물이끼(수태)를 물에 담궈 불린 후 낚시줄을 이용해 틀에 이끼를 붙이고 묶어가며 고정시킨다. 붙이기 작업이 끝나면 적합한 식물을 선택하여 조형물 안에 심고 가위로 조형물의 겉을 다듬은(전지작업) 후 토피어리를 완성하게 된다. 공원이나 놀이시설에 놓일 대형 토피어리의 경우 사람이 따로 물을 주지 않아도 자동적으로 관리될 수 있도록 관수시설을 함께 설치하기도 한다. 이러한 모든 작업이 끝나면 최종적으로 토피어리를 전시현장에 옮겨 사람들이 조형물을 보고 즐길 수 있도록 하는 것이다. 토피어리를 만드는 데는 오랜 시간과 노력이 필요하기 때문에 크기에 따라 토피어리의 가격이 책정되며, 디자이너가 얼마나 작품 활동을 하고 판매를 많이 하느냐에 따라 수입은 상이하다. 특히 주부들이 부업으로 많이 하며, 가든을 운영하거나 조경관련 업체에 근무하는 사람들도 자신의 업무에 토피어리를 적용시키고자 배우기도 한다.

웰빙의 열풍으로 자연 친화적 식물인 토피어리에 관심을 가지는 사람들이 증가하고 있고, 실내 습도조절 및 공기정화에 효과가 좋은 토피어리의 장점이 알려지면서 가정에서도 토피어리의 수요가 늘어나고 있다. 또한 놀이시설, 공원, 전시회 등 공공장소에서 사용되는 대형 토피어리의 수요도 증가하고 있다. 이렇게 토피어리를 접할 수 있는 기회가 많아지면서 토피어리 디자이너의 수요도 더욱 증가할 것으로 기대된다. 무한한 상상력으로 개성을 살려 작품의 폭을 넓혀간다면 우리나라의 토피어리 분야를 이끌어나가는 전문가로 인정받게 될 것이다.

■ 피오피(POP)디자이너

앙증맞은 글씨, 예쁜 색상의 광고문구 등 매장 분위기나 광고 내용에 따라 적재적소에 배치된 POP광고를 자주 접할 수 있다. 이것을 직접 손으로 쓰고 만드는 사람들이 피오피(POP)디자이너이다.

아기자기한 손글씨로 가격표와 함께 상품을 소개하거나 할인행사 등을 알리는 POP 광고는 컴퓨터나 기계로 찍어낸 딱딱한 글씨에서 느낄 수 없는 친근감이 느껴진다.

POP광고(Point of Purchase Advertising)란 소비자가 물건을 구매하는 장소에서 이루어지는 광고형태, 즉 구매시점 광고를 말한다. 그 중 상품의 특성에 맞는 개성있는 글씨체를 사용하여 광고하는 손글씨 POP광고가 최근 들어 대형 할인마트, 전시장 등에서 많이 사용되고 있다. 'POP광고'는 '손글씨 광고', '수작업 광고'를 말하며, 이런 POP광고는 전부 수작업으로 이뤄지기 때문에 '수기POP' 라고도 한다.

외국에서는 이미 1930년대부터 POP광고가 활용되었으며, 우리나라에서는 약 20년 전부터 백화점 슈퍼마켓에서 반짝세일, 행사 등을 알리기 위해 멀리에서도 한눈에 알아볼 수 있도록 손으로 직접 광고물을 만들어 왔다. 피오피(POP)디자이너의 하는 일은 고객이 광고물 제작을 의뢰하면 요구사항, 매장 성격 등에 따라 제작물 사이즈, 형태, 들어갈 광고문안, 글씨체, 색깔 등을 결정한다. 특히 POP광고는 바쁜 현대인들의 눈에 띄기 위해 간단명료한 디자인, 광고효과가 큰 색상을 선택하는 것이 중요하다. 예를 들어 노랑색은 가장 가독성이 높은 색상이어서 모든 업종에 효율적이며, 음식점 광고의 경우 입맛을 돋우어 식욕을 자극하는 주황색 또는 붉은색을 많이 사용하고, 병원의 경우에는 신뢰감이나 책임감을 주는 푸른색을 많이 사용한다. 또한 여성관련 업종에서는 소비를 촉진시킬 수 있는 감성적 이미지인 핑크계열 색상을 많이 사용한다고 한다. 직접 고객이 문구를 만들어 의뢰하는 경우 광고에 적합한 문구인지 먼저 검토해야 한다. 작업을 하기 위해서는 주로 머메이드지, 디자인지 등의 색지와 포스터 물감, 평붓 등이 필요하다. 결정된 내용을 평붓을 사용하여 직접 색지에 쓰게 되므로 주의를 요한다. 포인트를 주어야 할 글자에는 주변 글자보다 우선적으로 보이기 위해 테두리 작업을 하고, 파스텔, 펜, 반짝이 등을 사용하여 꾸며주기도 한다. 광고물이 완성되면 코팅하여 의뢰한 고객에게 전달한다. 글씨는 우리 생활에 필요하지 않은 데가 없고 응용분야도 다양하다. 컴퓨터의 발달로 예전보다 직접 손으로 글을 쓰는 일은 줄었으나 POP광고의 경우 컴퓨터 작업만으로는 쉽지 않은 입체POP가 개발되면서 다시 수기로 작업하는 것이 활발해지고 있다. 게다가 처음에는 단순히 광고제작의 목적으로 관련 교육기관을 찾는 사람들이 많았으나 최근에는 유치원 교사나 초등학교 교사, 주부 등 예쁜 글씨에 관심을 갖고 찾는 이들이 늘고 있다고 한다.

글씨체와 색깔을 적절히 사용하면 식품은 더욱 신선하고 먹음직스럽게, 비싼 가구는 더욱 고급스럽게 만들 수 있다. 게다가 실시간 바뀌는 정보를 그때그때 소비자에게 빠르게 알려줄 수 있기 때문에 POP광고가 늘고 있다. 이렇게 POP광고는 매장 안에서 소비자의 구매결정을 촉진시키고, 잠재고객의 관심을 끌 수 있으므로 할인점과 같이 소비자가 직접 물건을 구매하는 매장에서 매우 중요한 역할을 한다. 현재 다양한 연령대의 여성들이 피오피(POP)디자이너로 활동하고 있다. 전문매장에서 일할 경우 수입은 월 120~150만원 정도이며, 기술을 익혀 직접 전문매장을 창업하거나 인력양성을 위한 강사로도 활동할 수 있다. POP광고는 사람이 직접 손으로 쓰기 때문에 컴퓨터의 한정된 서체보다 상품 특성에 맞는 다양한 글씨체로 글자마다 살아있는 갖가지 표정들을 담을 수 있다는 장점이 있다. 이처럼 수기로 제작되는 POP광고의 선호증가로 인하여 피오피(POP)디자이너의 수요 또한 꾸준할 것으로 보인다. 따라서 평면 및 입체 디자인에 대한 감각뿐만 아니라 판매되는 물건의 특징, 소재, 가공방법, 비용 등 다양한 분야에 대한 폭넓은 지식과 실력을 갖춘다면 꾸준히 활동할 수 있을 것이다.

■ 아트워크매니저

여성의 S라인 몸매, 쭉 뻗은 다리, 잘룩한 허리, 보다 아름답고 예술적인 모습을 담기 위해 카메라 앞에 선 모델들! 이들의 포즈만을 전문적으로 지도하는 사람 '아트워크매니저'이다.

모델들의 포즈를 잡아주고, 더욱 아름답게 표현될 수 있는 자세를 만들어 주는 포즈전문가라고 할 수 있다. 보통 사진촬영 시, 사진감독이 프레임을 통해 모델들의 포즈를 확인하고 더 좋은 포즈를 요청하곤 한다. 이때 한번에 3,000~4,000장 찍는 사진들의 서로 다른 포즈를 위해 아트워크매니저의 포즈 지도가 필요하게 되었다.

아트워크매니저는 촬영 일정이 잡히면 먼저 촬영할 화보집이나 사진의 콘셉트에 어울리는 포즈를 연구한다. 모델의 특징을 파악하여 어떤 포즈가 가능할지, 모델의 장점을 살리고 단점은 가릴 수 있는 포즈는 무엇인지, 보다 아름답게 보일 수 있는 포즈는 어떤 것인지, 신체 곡선미를 가장 잘 살릴 수 있는 방법은 무엇인지 등에 대해 연구한다. 촬영 시에는 다양한 포즈를 지도하며 모델 앞에서 직접 포즈를 취해 이해시키기도 한다. 촬영 중간에는 그동안 찍은 사진들을 모니터링하여 보다 나은 포즈를 취하도록 지도한다. 훌륭한 포즈는 모델의 편한 마음가짐과 자신감에서 나올 수 있으므로 촬영 분위기를 바꿔주고, 모델에게 자신감을 불어넣어 주는 일도 이들의 중요한 역할이다. 현재 모델 양성학원에서 워킹이나 포즈를 지도하는 전문가들은 있으나 촬영 시 카메라 앞에서 직접 포즈를 취해가며 모델에게 적합한 포즈를 코치하는 사람은 국내에 몇 명 없다. 스튜디오에서 화보집 촬영 시 프리랜서로 작업에 참여하며, 아직은 일거리가 많은 편이 아니기 때문에 투잡(two-jobs)으로 일하는 경우가 많다. 최근에는 직업 모델뿐만 아니라 모바일 화보서비스의 활성화로 화보집을 찍는 연예인들이 늘고 있다. 최근에는 성인 인증이 필요 없는 비성인 화보로 변화하면서 노출 보다는 귀여운 모습으로 어필하는 스타화보집이 늘어나고 있다. 또한 연예계 데뷔의 첫 무대를 모바일 화보로 선택하여 대중의 관심과 입소문으로 먼저 이름을 알린 후 노래나 연기 등 자신의 재능을 보여주기도 한다. 게다가 대학생, 직장인 등 일반인들도 자신의 가장 아름다운 모습을 남기기 위하여 개인 화보집을 만드는 경우도 늘어나고 있다. 이렇게 화보집을 찍는 사람들이 늘어나고, 사진을 찍을 때 다양한 포즈와 표정이 필요하기 때문에 전문적으로 포즈를 지도하는 아트워크매니저의 역할은 더욱 커질 것으로 보인다.

■ 캘리그라퍼

'딱딱하고 남들이 다 사용하는 문자는 싫다!' 이런 생각을 하면서 점차 자연스럽고 아름다운 글씨를 사용하고자 하는 사람들이 증가하고 있는데, 서예를 현대적으로 변형시켜 더욱 개성 있는 서체를 만들어내는 사람들이 있다. 바로 '캘리그라퍼' 이다.

　최근 디지털시대에 익숙해진 컴퓨터상의 정형화된 글씨 대신 좀 더 자연스럽고 사람의 손길을 느낄 수 있어 보는 이로 하여금 편안하게 접할 수 있는 손글씨가 사람들에게 인기를 끌고 있다.

　캘리그라피는 붓을 사용하는 서예기법을 활용하여 단어 속에 포함된 의미를 글씨로 표현하여 아름답고 독특하게 글씨에 멋을 내는 글씨를 의미한다.

　넓은 의미로 서양의 펜글씨나 동양의 서예와 같은 모필문자가 캘리그라피라 볼 수 있다. 그러나 일반적으로 의미하는 캘리그라피는 서법에 따라 화선지에 쓰는 전통적인 서예와는 달리 글씨의 형태에서 그 의미가 전달될 수 있도록 상징적으로 표현되어야 한다. 영상과도 접목시킬 수 있기 때문에 영상 안에서 글씨가 조화되고 주목받을 수 있도록 제작되어야 한다. 우리나라는 2000년대에 들어와서 서예를 기초로 한 캘리그라피가 알려지기 시작하였는데, 지금은 영화포스터나 제품포장, 책 표지 등에서 쉽게 찾아볼 수 있다. 신문이나 잡지, 영상광고, 드라마, TV타이틀, 간판, 엽서 등에 넓게 활용되고 있고 생활용품에도 응용되는 등 점차 활용분야가 확대되고 있다.

　이러한 멋스러운 손글씨를 쓰는 사람이 바로 캘리그라퍼

(Calligrpher)이다. 제품이나 광고 등의 로고 또는 슬로건 등을 의뢰받으면 캘리그라퍼는 우선 글씨에 담길 뜻을 생각해보며 표현하고자 하는 콘셉트를 정한다. 소재에 따라 붓글씨의 느낌이 달라지므로 여러 종류의 종이에 다양한 글씨를 써보며 시안을 만들게 된다. 시안이 정해지면 글씨를 스캔하고 난 후 그래픽 편집소프트웨어를 이용하여 글씨의 간격, 흐름, 테두리를 깔끔하게 정리한다. 그리고 고객과의 협의를 통해 글씨를 조정하거나 부각시키는 등 수정을 한 후에 최종적으로 확정하게 된다. 영화포스터나 광고처럼 영상물에 글씨를 포함시키는 경우라면 글씨를 디자인할 때부터 영상에 어울릴 수 있는 글씨를 디자인하는 것이 중요하다. 이 외에도 캘리그라퍼는 돌에 이름이나 호를 새기는 전각 업무를 하기도 한다. 캘리그라피는 일반적으로 제목이나 로고에 많이 사용하며, 의미를 전달하기 위해 먹번짐이나 먹그림 등을 혼합하여 사용하기도 한다. 캘리그라피 전문회사에 소속되어 근무하기도 하지만 자신의 역량에 따라 프리랜서로 활동하는 캘리그라퍼도 많이 있다. 물론 작품에 따라 수입은 달라지며, 업체에 소속되어 있더라도 담당한 작품에 따라 인센티브가 주어진다. 연말이나 월드컵 등의 큰 행사가 있는 경우에는 캘리그라피의 수요가 많아져 평소보다 더 바빠지는 시기이다. 캘리그라피의 인식이 확산되면서 취미로 캘리그라피를 배우는 사람이 증가하고 있고, 광고, 편집,

포장디자인 등 디자인 업체에 근무하는 디자이너들도 캘리그라피를 많이 배우고 활용하고 있어 더욱 보편화될 것으로 보인다. 기존에 주로 사용되었던 광고나 홍보 분야에서 패션, 인테리어, 소품 등으로 훨씬 다양한 분야에 접목되면서 점차 영역이 확대되고 있으며, 컴퓨터 자막에 아날로그형 손글씨 폰트를 적용시키는 등 향후 보다 다양한 분야에서 캘리그라피를 접할 수 있을 것으로 보인다. 감성비쥬얼적 여성들의 강점을 활용해 컴퓨터 자판이 아닌 붓이나 펜을 사용하여 손으로 직접 자신만의 글씨를 써보며 캘리그라피의 꿈을 키우는 것은 어떨까?

■ 영화제프로그래머

혹시 영화제가 열리는 지역에 찾아가 많은 인파 속에서 영화관람을 해 본 적이 있는가? 해마다 크고 작은 영화제가 열리고 있는데 각 영화제의 성격에 맞게 방향을 설정하고, 상영할 영화를 선택하며, 각종 이벤트를 계획하는 등 영화제의 전반을 기획하는 사람들이 영화제프로그래머이다. 부산국제영화제, 부천국제판타스틱영화제, 전주국제영화제, 광주국제영화제는 우리나라에서 열리는 '4대 국제영화제'라고 할 만큼 영화를 좋아하는 많은 사람들의 관심을 끌고 있다.

국제영화세의 역사는 1932년 이탈리아의 베네치아에서 개최된 것이 효시이며, 국내에서는 1996년 국내 최초로 부산국제영화제가 시작되어 지금은 아시아를 대표하는 국제영화제로 발돋움하였다. 영화제는 다수의 영화를 한 자리에 모아 상영함으로써 영화무역의 장을 제공하는 성격을 지니며, 영화인의 교류를 활성화시키고, 더 많은 관객과 만날 수 있는 통로를 제공한다.

 해외의 칸, 베를린, 베니스와 같은 큰 영화제의 경우에는 모든 것을 총괄하며 방향을 제시하는 '아트디렉터'가 있고, 그 아래 여러 명의 프로그래머들이 전문분야를 조직적으로 나누어 담당하고 있다. 이와 달리 우리나라에서는 영화제 규모에 따라 차이가 있지만 보통 한 영화제에 2~4명 정도의 프로그래머가 전담하여 일하고 있는 실정이다. 각 영화제마다 특색이 있듯이 영화제프로그래머들은 해당 영화제의 성격과 방향을 설정하고 이끌어 간다. 평소에는 영화 흐름을 파악하고 작품을 보는 눈을 키우기 위해 칸, 밀라노, 로테르담 등 세계영화제에 참가하여 영화를 발굴한다. 국내에서 주최되는 각종 영화제들을 관람하고, 상영작을 선정하기 위해 출품된 작품들을 평가하기도 한다. 영화제 취지를 잘 구현할 수 있는 작품, 각 나라별 할당량, 감독 혹은 배우의 유명도나 수상조건 등을 고려하여 선정과정을 거친다. 상영할 영화물량의 두 세배 가량의 많은 영화를 보며, 영화제가 진행되는 동안 이루어지는 세미나, 강연, 이벤트, 감독과의 만남 등을 계획하며 직접 관계자를 섭외

하기도 한다. 또한 관객의 영화 선택을 돕기 위해 브러셔나 설명집에 영화 줄거리 및 평론을 쓰고, 일간지나 영화전문지 등에 일정기간의 계약으로 고정 칼럼을 쓰기도 한다. 영화제를 마치면 결산을 하고 문제점을 파악하여 다음 영화제를 준비하는 것도 이들의 일이다.

국내의 영화산업은 1990년대에 들어와서 급격히 발달했다.

1996년 부산국제영화제를 시작으로 영화인과 관객과의 '만남의 장'을 주선해 '토론의 장'을 제공함으로써 보다 많은 관객과 함께 영상문화산업을 만들어가고 있다.

국제영화제프로그래머의 경우 대기업 초봉 정도의 연봉을 받으며 일한다. 영화제의 규모나 예산에 따라 1~4명 정도의 프로그래머가 정해지며, 국내에는 총 50~60명 내외의 프로그래머가 활동하고 있다. 현재 활동하고 있는 국제영화제프로그래머의 경우 대부분 연극영화 관련학과 교수이거나 영화평론가, 영화제작에 참여했던 사람 등 영화전문가들이다. 대중의 문화예술에 대한 관심과 수준이 점차 높아지고 있으며, 정부의 지원도 증가하고 있어 영화제프로그래머의 필요성은 더욱 높아지고 있다. 그러나 이들의 일자리는 개최되는 영화제 수와 밀접한데, 기존에 생긴 영화제가 쉽게 없어지진 않겠지만 향후 정부의 투자와 관련하여 새로 신설되는 영화제는 크게 기대하기 힘들 것으로 보인다. 따라서 영화제프로그래머의 일자리는 제한적일 수 있다. 물론 해외의 경우와 같이 '아트디렉터'가 있고, 그 아래 여러 명의 프로그래머들이 전문분야로 조직이 세분화된다면 좀 더 많은 일자리가 창출될 수 있다.

■ 인터넷 소설가

'퇴마록, 동갑내기 과외하기, 엽기적인 그녀, 옥탑방 고양이…,' 등의 영화나 드라마들을 기억하는가? 우리에게 영화나 드라마로 더 알려져 있는 이들의 원작은 모두 인터넷 상에서 연재되었던 소설들이다. PC통신 게시판을 통해 소설들이 연재되면서 네티즌 독자들에게 알려졌으며, 요즘은 인터넷이라는 폭넓은 공간을 통해 소개되고 있다. 이와 같은 인터넷 상의 공간에서 소설을 연재하는 사람들이 바로 인터넷 소설가이다. 소설을 쓴다는 것에서는 일반 소설가와 다를 바 없지만 활동영역이 인터넷 공간이므로 그 영역만의 독창적 특성이 있다. 예를 들어 글을 쓰는데 있어서 독자가 글을 빨리 읽을 수 있게 하고, 글의 분위기와 상황에 대한 이해를 돕기 위해 이모티콘과 통신어체를 많이 사용한다. 또한 모니터 화면상에서 쉽게 글을 읽어 내려갈 수 있도록 구성에도 신경을 쓴다. 인터넷 소설은 독자의 반응을 바로바로 알 수 있고, 내용상의 오류나 잘못된 표현 등의 댓글 지적은 다음 연재에 반영을 할 수 있다는 장점이 있다. 반면 독자의 요구 때문에 애초에 생각했던 줄거리를 중도에 포기하는 경우도 종종 생긴다. 과거에는 '전문가 집단'에 의해 검증받아 오던 오프라인 출간이 주를 이뤘다면, 지금은 인터넷의 '다수독자'에게 검증을 받아 인터넷 소설이 책으로 출판이 되는 경우가 종종 있다. 그 외에도 드라마, 영화로 만들어져 우리들에게 친숙한 작품들도 많이 있다.

  현재 활동하고 있는 대부분의 인터넷 소설가들은 10~20대의 젊은 층이다. 이들은 온라인 공간에 소설을 쓰는 것으로는 보수를 받는 일은 거의 없고, 유명세를 타고 책이 출판되거나 시나리오 작가, 만화스토리 작가 등 대중작가로 활동을 하게 된다. 하지만 이도 아주 극소수의 선택받은 자만이 가능하다. 최근 인터넷 소설을 연재하는 동호회와 홈페이지도 많이 생겨났고, 인터넷 소설에 매료된 젊은 팬층도 형성되었다. 예전엔 문단을 통해야만 작가로 데뷔할 수 있었으나, 요즘은 인터넷 글을 올림으로써 작가로 데뷔하는 경우를 종종 볼 수 있다. 인터넷 소설은 단기간에 급속도로 전파되기 때문에 독자에게 빠른 시간에 검증받기 쉽고 큰 파급효과가 있다. 반면, 인터넷 소설을 대중문학으로서 함량미달의 작품이 포함될 수 있다는 우려와 함께 이들의 생명 또한 짧은 편이다. 따라서 생계를 위한 직업으로 접근하기보다는 작가가 되기 위한 한 방법으로 선택하는 사람들이 있다.

■ 프로슈머

지식경영경제학회 학술지에서 유통의 미래 아이템 사업으로 네트워크 비즈니스사업을 소개하기도 했다. 이는 초등학교 사회 4학년 교과서와 고등학교 도덕 교과서에서 이미 프로슈머란 이름으로 알려졌다. 아래의 내용은 고등학교 도덕교과서의 내용이다.

"프로슈머(Prosumer)는 생산자(Producer)와 소비자(Consumer)가 합쳐진 말이다. 어떤 컴퓨터 통신의 동호회에서는 회원들이 컴퓨터를 이용해 자기가 듣고 싶은 음악을 만들어 통신이나 CD롬 제작을 통해 함께 즐기는 경우도 있다.

영국의 한 케이블 텔레비전에서는 기자나 프로듀서 없이 일반 시청자나 프리랜서가 만든 비디오 테이프를 뉴스로 만들어 내보낸다. 이처럼 생산과 소비가 일치하는 프로슈머의 등장은 다원화 된 사회의 모습을 보여 주고 있다."

프로슈머는 직거래(direct sailing)를 통한 유통이 얼마나 소비자에게 유리한 것인지 설명하며, 생산자와 소비자를 직접 연결하여 생기는 유통마진을 소비자에게 돌려주는 것으로 시작하는 시대 변화적 트렌드를 반영한다. 네트워크 마케팅은 건국대학교, 경희대학교, 성균관대학교, 숙명여자대학교, 중앙대학교 등의 경영대학원 등에서 네트워크 마케팅 CEO과정의 모집 요강에 발표 되었듯, 현대사회와 앞으로 미래 성장의 원동력으로 시장경제의 변화 추세에 가장 각광받는 유통방식의 비전사업이다.

'뉴 골든 에이지'의 저자 '라비 바트라'에 의하면 조지부시는 2003년~2005년 350만개의 일자리를 창출했다고 하지만 전반적으로 취임때부터 창출한 일자리는 사실상 170만개에 불과하다. 그것은 임기 초 수십만 명이 실직했기 때문이다. 반면 네트워크 비즈니스를 적극적으로 수용하고 나서 몸소 소비실천하면서 권장 육성한 클린턴은 직접판매 네트워크비즈니스를 통해 수많은 사람들에게 가치 있는 일자리를 창출한 바 있다. 실제로 그는 8년의 임기 동안 조지부시의 10배가 넘는 2,300만개의 일자리를 창출했고 이중 민간부문에서 2,100만개의 일자리를 창출했다. 미국의 10년, 20년 전의 직업 영역이 오늘 우리의 현실과 미래라는 관점에서 본다면 분명 유망직종으로 꼽을만 하다.

미래의 여성의 신 직업군

한국여성경제학회에서 주최한 여성경제정책포럼에서 미래에 대한 여성의 신사업의 직업군을 하와이대 Jim Dator 미래학 교수를 초정해서 소개한바 있다.

하와이대 Jim Dator 미래학 교수는 "급변하는 세상, 국가와 기업의 미래전략"이라는 주제를 가지고 특히 여성의 미래에 대한 비전을 흥미롭게 제시했다. 과거는 힘이 필요한 사회였으나 산업자체가 바뀌면서 미래에는 여성의 능력이 발휘될 수 있는 서비스산업이 발달할 것이라고 했다. 빠르게 변화하는 국제사회에서 첨단과학기술은 정보화로 인해 미래에는 현재와는 다른 신산업을 빠르게 키워내고 직업군도 다양하게 변한다. 미래에는 없어지는 산업과 신생 산업이 다르고 글로벌 세계시장의 시장경제원리의 수요도 크게 달라지기 때문에 미래직업의 변화를 아는 것이 생존전략이라고 보는 것이다.

과거의 구전을 통한 구술시대가 인간의 기억에 대한 한계로 활자화되었다. 세월이 지나 컴퓨터의 문서화로 발전했었다.

미래에는 읽고 쓰는 것들이 사라지고 다시 oral society로, 더 나아가 드림 소사이어티로 돌아갈 것이라고 예견하고 있다.

현재의 정보화시대를 가져온 인터넷 혁명 이후에, 나노(nano)·바이오(bio)·인포(info)·의식(cognitive technology) 기술혁명이 일어났다.

텔레포테이션(teleportation = tele + transportation)이라는 멀리 떨어진 장소에 물체전송 이론에 대한 소개는 새삼 급속히 변화하는 시대에 정보와 창의성에 대한 중요성을 일깨워

주고 있다. 이것은 상용화가 먼 미래가 아닌 우리가 살고 있는 시대에 가능할 것이다. 이런 미래에 경쟁력 있는 핵심 인력이 되기 위해서는 현재의 사회변화를 읽는 것이 미래전략을 세울 수 있는 기준점이 될 것이다.